TAPAS

TAPAS

Y OTROS ENTRANTES TÍPICOS DE

E·S·P·A·Ñ·A

A D R I A N · L I S S E N
Y · S A R A · C L E A R Y

KÖNEMANN

Director creativo: Peter Bridgewater
Diseñador/Director de arte: Terry Jeavons
Redactoras: Caroline Beattie, Patricia Bayer
Fotógrafo: Trevor Wood
Preparación de los platos: Jonathan Higgins

Título original: *Tapas*

© 2000 de la edición española reducida:
Könemann Verlagsgesellschaft mbH,
Bonner Str. 126, D-50968 Colonia

Traducción del inglés: Nuria Caminero Arranz
para LocTeam, S.L., Barcelona
Redacción y maquetación:
LocTeam, S.L., Barcelona
Impresión y encuadernación:
Midas Printing Limited, Hong Kong

Printed in Hong Kong

ISBN: 3-8290-4817-3
10 9 8 7 6 5 4 3 2 1

CONTENIDO

Bar de tapas en Sevilla

LAS TAPAS

LAS TAPAS forman parte del estilo de vida de los españoles. Los bares de tapas son el punto de encuentro en cualquier lugar de España, desde la aldea más pequeña de Andalucía hasta las grandes ciudades como Madrid y Barcelona. La creciente expansión de las comunicaciones entre países ha fomentado un intercambio cultural que naturalmente incluye las artes culinarias, por lo que ahora las tapas pueden ser saboreadas incluso fuera de las fronteras españolas.

Muchos se han disputado el origen de las tapas, pero lo único que se conoce a ciencia cierta es la tradición de servirlas acompañadas con jerez, una innegable especialidad andaluza. Parece ser que antiguamente se servían las copas de jerez cubiertas con una loncha de jamón serrano para mantener alejadas a las moscas; de ahí quizás la denominación de "tapa". Con el paso de los años, el abanico de acompañamientos se ha ido ampliando hasta alcanzar la enorme variedad disponible hoy en día en toda España.

La mezquita de Córdoba, cuya construcción se comenzó en el siglo VIII, cuenta con una torre que data del siglo XVI

Las tapas son similares a los aperitivos o a los entrantes, aunque consiguen mantenerse al margen de las normas que rigen a éstos. No tienen límites en lo que se refiere al tamaño, a los ingredientes o al momento del día en que se toman, por lo que son difíciles de definir. La descripción más frecuente que se suele hacer de las tapas resalta su calidad de alimento completo; en raciones más grandes pueden

Clientes hambrientos esperan su turno para comprar chorizo y jamón serrano

constituir una comida por sí solas y en raciones más pequeñas se toman como tentempié. Pueden ser tanto líquidas como sólidas: una sopa también se considera una tapa. Con salsa o sin ella, sencillas o complejas, se elaboran con los ingredientes más diversos, desde hortalizas y legumbres hasta una gran variedad de carnes, pescados y mariscos.

Las tapas presentan una enorme riqueza tanto visual como

Una impresionante vista de Ronda

aromática, con una amplia oferta donde elegir y lanzarse a una experimentación que hace las delicias de los paladares más exigentes.

El ritual del "tapeo", que cuenta con una tradición centenaria, es algo que forma parte de la vida de los españoles. A partir de mediodía ya hay personas que se dirigen hacia su bar favorito en busca de un jerez bien frío, una cerveza refrescante, alguna que otra tapa y, por supuesto, conversación. Esta imagen se repite también por la tarde y hasta la hora de la cena, especialmente durante los fines de semana o en días festivos.

Un buen bar de tapas es una cueva de las maravillas para la indulgencia. A lo largo de la barra se expone un atractivo surtido de quesos, gambas, cangrejos, vieiras, pollo al ajillo, tortilla, patatas... Jamones serranos ahumados (curados en Sierra Nevada) penden del techo con unos curiosos recipientes metálicos clavados en la base para recoger el aceite. En la trastienda se apilan botellas de vino tinto cubiertas por el polvo. A medida que pasan las horas el suelo va quedando tapizado por servilletas de papel, huesos de aceitunas y migajas. La informalidad y versatilidad de esta cocina convierte el hecho de tomar unas tapas en una experiencia afable y relajada.

La Giralda de Sevilla.
Las palmeras ofrecen un agradable refugio
durante las cálidas horas de mediodía.

Las tapas más sencillas, como las de chorizo, aceitunas o ensalada de patatas con salsa de anchoas, se pueden preparar con antelación y refrigerarlas para servirlas como piscolabis entre comidas, acompañadas con un vaso de vino. No obstante, es más frecuente consumir las tapas como aperitivo. Platos de sabores intensos como unos pescaditos marinados, calamares fritos o queso de cabra con ajo y estragón estimulan el paladar a la vez que dejan aún espacio para algo más sustancioso.

En cuanto empieza el buen tiempo, resulta divertido celebrar un picnic a base de tapas o una barbacoa con cierto toque de espontaneidad; por ejemplo, unas mazorcas de maíz asadas con mantequilla de ajo, o bien unas costillas de cordero

Callejuela de Ronda

marinadas, brochetas o langostinos con alioli. Para ocasiones especiales, pruebe las ostras "Bloody Mary" o las vieiras con lima y cangrejo. Si opta por las ostras, caliéntelas bien en la parrilla hasta que se abran, sepárelas de la valva, rocíelas con la salsa y ... listas para comer. No olvide tener una copa de cava a mano.

Las personas vegetarianas también pueden deleitarse con las tapas, ya que muchas de ellas no incluyen carne ni sus derivados. Se pueden servir como platos principales o como

acompañamiento. Algunas de las que más éxito tienen son las patatas, los calamares fritos o la tortilla.

Las tapas más exóticas o complicadas son ideales como plato principal para ocasiones especiales o celebraciones: gambas con bacon y crema agria, brochetas de bogavante y pollo, codornices rellenas o empanadas. Estas últimas son un atractivo

9

Pizarra con algunas tapas típicas

TAPAS Y RACIONES
ARTICULOS·BARRA·MESAS
PRINGA con TO LO A TOS
SERRANITOS : PAELLA
GAMBAS REBOSADAS:
COLA DE TORO : MOJAMA
CABALLITO DE JAMON
PUNTA DE SOLOMILLO
PEZ ESPADA PLANCHA
CALAMARES = HUEVAS
ENSALADILLA = ALITOS
CHAMPIÑONES · PAVIAS
PUNTILLITAS = PINCHITOS
CHIPIRON A LA PLANCHA
SOLOMILLO AL WHISKY
GAMBAS AL AJILLO
DELICIAS DE MAR...
... DE TORO
HUEVOS AL NIDO

indiscutible en cualquier mesa; abra una empanada y los exquisitos aromas del relleno harán las delicias de los comensales. Y en un caluroso día estival, qué mejor que un cebiche, un cóctel de gambas y verduras refrescante y de vistoso colorido.

Los ingredientes que se usan en las recetas son fáciles de adquirir y se adaptan a todos los paladares y bolsillos. Todo es amoldable y la variedad de tapas aquí propuesta está pensada para convenir a cualquier ocasión.

Deliciosa tapa de calamares fritos

Calientes o frías, grandes o pequeñas, esperamos que cada uno encuentre tapas que le permitan disfrutar tanto durante su elaboración como a la hora de degustarlas.

Corrida de toros en Sevilla, con la Giralda al fondo

Recetas básicas

ACEITE AL AJO o AJOACEITE

Se conserva en perfecto estado un par de semanas, tapado y en el frigorífico. Es aconsejable tenerlo a mano si le gusta condimentar con ajo.

Para aromatizar un aceite de oliva, simplemente pele varios dientes de ajo y déjelos marinar en el aceite. No obstante, el ajoaceite es un ingrediente esencial en muchas recetas de tapas. Para prepararlo pele unos cuantos ajos, según la cantidad que prevea utilizar en un par de semanas. Caliente el horno a 230°C aproximadamente, coloque los bulbos enteros en una bandeja y hornéelos durante unos 10 minutos. De este modo, la piel se desprenderá fácilmente.

Triture el ajo en un robot de cocina con suficiente aceite de oliva para humedecerlo. Cuando obtenga una pasta de consistencia similar a la de las gachas, páselo a otro recipiente, tápelo y refrigérelo.

ACEITE A LA GUINDILLA

En el frigorífico se conserva en perfecto estado.

250 ml de aceite de oliva
6 guindillas rojas, picadas

Caliente bien el aceite y añada las guindillas. Tápelo y déjelo cocer a fuego lento hasta que las guindillas se ennegrezcan. Retírelo del fuego y déjelo enfriar. Una vez frío, cuélelo por un tamiz fino, tápelo y refrigérelo.

MAYONESA

La mayonesa se conserva bien tapada y en el frigorífico. No se preocupe si es la primera vez que la prepara, puesto que es muy sencillo si tiene presentes los siguientes consejos:
≈ Incorpore el aceite lentamente; si calienta un poco el aceite, se reduce el riesgo de que se corte la salsa.
≈ Si espesa demasiado durante la elaboración, añada un poco de vinagre o agua caliente.
≈ Bata muy bien la salsa; la manera más sencilla de prepararla es en un robot de cocina o con una batidora eléctrica.
Si a pesar de todo la mayonesa se corta, puede volver a unirla mediante uno de los dos métodos siguientes:
≈ En otro cuenco, añada una cucharadita de agua hirviendo y agregue gradualmente la salsa cortada, sin dejar de batir.
≈ Quizás es preferible este segundo método: Tome otra yema de huevo, aclárela con 5 ml de agua fría y bátala bien. A continuación, incorpórelo gradualmente a la salsa cortada, sin dejar de batir.

Para 250 ml de mayonesa:

2 yemas de huevo
10 ml de vinagre
sal y pimienta negra recién molida
⅛ cucharadita de mostaza
250 ml de aceite de oliva
10 ml de agua hirviendo, aproximadamente

≈ Coloque las yemas de huevo, el vinagre, la sal, la pimienta y la mostaza en un cuenco o en un robot de cocina.
≈ Incorpore el aceite de forma gradual, muy lentamente, sin dejar de batir.
≈ Agregue el agua hirviendo y bátalo todo bien.
≈ Rectifique de sal y pimienta.
Para la mayonesa aromatizada con ajo, añada a las yemas de huevo 1 cucharadita de ajo majado por cada 250 ml.

RECETAS BÁSICAS

PASTA QUEBRADA

Yo prefiero elaborar la pasta a mano y, para las tartas o tartaletas saladas, suelo untar las paredes del cuenco con aceite al ajo, si tengo en el frigorífico. También se obtienen buenos resultados si se prepara en el robot de cocina.

Para 400 g de pasta quebrada:

400 g de harina blanca
1 pizca de sal y de pimienta
200 g de mantequilla o margarina, un poco blanda
3 yemas de huevo
un poco de agua fría, para ligar

≈ Tamice la harina junto con la sal y la pimienta.
≈ Trocee la mantequilla y mézclela con la harina hasta que la masa adopte una textura similar al pan rallado.
≈ Incorpore las yemas de huevo.
≈ Añada unas gotas de agua fría; esto hace que la pasta quede ligada y evita que sea demasiado pegajosa.
≈ Cúbrala y refrigérela hasta que vaya a utilizarla.

CALDO DE POLLO

Aunque requiere más tiempo, es preferible elaborar uno mismo el caldo, pues su sabor es mucho mejor. No obstante, puede utilizar pastillas de caldo de vez en cuando.

NOTA: Las mismas cantidades son válidas para un caldo de ternera.

1 kg de huesos, sin cocinar
2 l de agua
250 g de hortalizas, como cebollas, apio y puerros, lavadas, peladas y troceadas
1 manojo de tomillo
1 hoja de laurel
tallos de perejil
algunos granos de pimienta

≈ Trocee los huesos y retire la grasa.
≈ Póngalos en una cacerola grande, añada el agua fría y llévelo a ebullición.
≈ Espume la superficie del agua y deje cocer suavemente.
≈ Agregue las hortalizas, las hierbas y la pimienta.
≈ Déjelo cocer al menos 3 horas.
≈ Espume el caldo, cuélelo y úselo de inmediato o refrigérelo para utilizarlo posteriormente.
   El caldo se conserva unos 3 ó 4 días en el frigorífico; también puede congelarlo.

CALDO DE PESCADO

25 g de mantequilla
1 kg de espinas de pescado blanco, lavadas
250 g de hortalizas, como cebollas, apio y puerros, peladas y troceadas
1 hoja de laurel
el zumo de ¹/₂ limón
tallos de perejil
6 granos de pimienta
2 l de agua

≈ Derrita la mantequilla en una cacerola grande.
≈ Añada las espinas de pescado blanco lavadas, las hortalizas y los condimentos.
≈ Tape la cacerola y deje cocer unos 5 minutos, hasta que las espinas se vuelvan transparentes.
≈ Agregue el agua, llévelo a ebullición y espúmelo. Déjelo cocer durante 20 minutos y, a continuación, cuélelo.
≈ Si coloca de nuevo al fuego el caldo colado y lo reduce a la mitad de su volumen, obtendrá un sabor más concentrado.

VINAGRETA MEDITERRÁNEA

Para prepararla, necesitará la salmuera de un tarro de aceitunas o de pepinillos.

²/₃ de salmuera
¹/₃ de vinagre de vino tinto
³/₃ de aceite de oliva
1 cucharadita de ajo por litro
1 cucharada de azúcar por litro
1 cucharada de sal por litro
1 cucharada de pimienta negra por litro

≈ Mezcle todos los ingredientes y déjelo marinar durante 30 minutos como mínimo.

NOTA: La cantidad de aceite de oliva debe ser igual a la cantidad de salmuera junto con la de vinagre de vino tinto.

Pescados y mariscos

LANGOSTINOS
CON AJO

INGREDIENTES

45 ml de aceite de oliva
12 langostinos, frescos a ser posible; si no, congelados
2 cucharaditas de ajo, majado
2 cucharaditas de pimentón
30 ml de jerez semiseco
gajos de limón

PREPARACIÓN

≈ Caliente el aceite en una sartén. Si los langostinos son congelados, baje el fuego y fríalos en la sartén, tapada, durante 6 minutos, hasta que estén tiernos y calientes. Si son langostinos frescos, fríalos en el aceite hasta que estén muy calientes.

≈ Incorpore el resto de ingredientes y llévelo a ebullición. Rectifique la condimentación.

≈ Sírvalo con gajos de limón.

LANGOSTINOS PICANTES

INGREDIENTES

12 langostinos, o ¹/₂ kg de rape, limpio y cortado en dados de 2 cm, o ¹/₂ kg de cigalas

INGREDIENTES PARA LA MARINADA

2 cucharaditas de ajo, majado

375 ml de aceite de cacahuete

6 guindillas rojas, sin semillas y picadas

sal y pimienta negra (¹/₄ cucharadita de cada)

PREPARACIÓN

≈ Triture todos los ingredientes en un robot de cocina. Vierta la mezcla sobre los langostinos y deje marinar unas 4 horas.
≈ Retire los langostinos y áselos a la parrilla o saltéelos en mantequilla fundida. Reserve la marinada.

INGREDIENTES PARA LA SALSA

75 g de mantequilla (preferiblemente sin sal), derretida

el zumo de 4 limones con mucho jugo

PREPARACIÓN

≈ Derrita la mantequilla, incorpore el zumo de limón y bátalo todo.
≈ Añada 90 ml de la marinada.
≈ Llévelo a ebullición, viértalo por encima de los langostinos y sírvalo.

LANGOSTINOS GLASEADOS

INGREDIENTES

12 *langostinos; si son congelados, ya descongelados*

2 *yemas de huevo*

250 *ml de mayonesa (vea la receta básica)*

15 *ml de nata espesa*

pimienta negra

$^1/_2$ *cucharadita de pimentón*

1 *tomate, pelado y cortado en dados pequeños*

3 *cucharaditas de ajo, majado*

1 *cucharada de perejil, picado*

PREPARACIÓN

≈ Pele con cuidado las colas de los langostinos, dejando las cabezas intactas.

≈ Incorpore a la mayonesa las yemas de huevo junto con la nata espesa, la pimienta negra, el pimentón, el tomate y el ajo, y bátalo todo.

≈ Precaliente la parrilla.

≈ Engrase con aceite una placa de horno.

≈ Coloque los langostinos sobre la placa preparada y vierta cucharadas de la mezcla de mayonesa por encima de las colas.

≈ Caliente los langostinos en la parrilla hasta que estén dorados.

≈ Espolvoréelos con perejil picado y sírvalos de inmediato acompañados con gajos de limón o de lima y pan con ajo.

CEBICHE DE GAMBAS

INGREDIENTES

1 *kg de gambas, o* $^1/_2$ *kg de gambas y*
$^1/_2$ *kg de pescado blanco, limpio y sin piel*

1 *l de agua*

$^1/_2$ *l de zumo de lima*

2 *cebollas rojas, picadas*

30 *ml de salsa de soja*

sal y pimienta

2 *pepinos, sin semillas, pelados,*
cortados longitudinalmente por la mitad y después en medias lunas

1 *pimiento rojo, sin semillas y en tiras finas*

1 *manojo de eneldo, picado*

salsa Tabasco al gusto

gajos de lima, para decorar

PREPARACIÓN

≈ Ponga las gambas crudas y peladas en un cuenco grande.
≈ Mezcle los ingredientes de la marinada (el agua, ~~el~~ zumo de lima, las cebollas rojas, la salsa de soja, la sal y la pimienta) y vierta la salsa sobre las gambas.
≈ Déjelo marinar durante 20 minutos.
≈ Agregue el pepino, las tiras de pimiento y el eneldo, y remuévalo todo.
≈ Páselo a cucharadas a platos o cuencos pequeños.
≈ Rocíelo con pimienta y salsa Tabasco. Sírvalo con gajos de lima.

PINCHOS DE LANGOSTINO, HUEVO Y ANCHOA

Para esta receta necesitará 6 palillos de cóctel.

INGREDIENTES

6 langostinos, pelados (es opcional retirar las cabezas)
3 huevos duros, pelados y cortados por la mitad
6 filetes de anchoa
6 aceitunas negras
150 ml de mayonesa (vea la receta básica)

PREPARACIÓN

≈ Ensarte en cada palillo una cola de langostino, medio huevo duro, un filete de anchoa enrollado y una aceituna negra. Puede cubrir el pincho con mayonesa o servir la salsa por separado.

GAMBAS CON BACON Y CREMA AGRIA

Esta exquisita tapa es ideal para barbacoas.

INGREDIENTES

12 gambas grandes, peladas pero con la cabeza y el extremo de la cola (si son congeladas, déjelas descongelar toda la noche)
100 g de mozzarella rallada
1 cucharadita de pimienta negra recién molida
12 lonchas de bacon de calidad; retire la corteza y el exceso de grasa
un poco de aceite de oliva

PREPARACIÓN

≈ Abra las gambas longitudinalmente por el dorso, sin llegar a cortarlas del todo.
≈ Rellene esta abertura con la mozzarella mezclada con la pimienta negra.
≈ Envuelva cada gamba con una loncha de bacon, empezando por la cabeza, que debe quedar descubierta, y enrollándola en espiral hacia la cola.
≈ Úntelas con aceite de oliva y áselas a la parrilla o en el horno, precalentado a 230°C, entre 7 y 10 minutos. Mientras tanto, prepare la salsa.

INGREDIENTES PARA LA SALSA

200 g de crema agria
$^1/_2$ cucharadita de sal y $^1/_2$ de pimienta negra
el zumo de $^1/_2$ limón

PREPARACIÓN DE LA SALSA

≈ Mezcle todos los ingredientes para la salsa y sírvala con las gambas calientes.

GAMBAS CON AJO Y FINAS HIERBAS

INGREDIENTES

250 ml de aceite de oliva

$^1/_2$ kg de gambas, peladas; si son congeladas, ya cocinadas

2 cucharadas de ajo, majado

$1^1/_2$ cucharada de perejil, picado

$1^1/_2$ cucharada de cilantro, picado

sal y pimienta negra recién molida

3 limones, cortados en gajos

PREPARACIÓN

≈ Caliente el aceite en una cazuela.
≈ Añada las gambas, tape la cazuela, baje el fuego y déjelas cocer unos 2 minutos, hasta que estén bien calientes.
≈ Agregue el ajo, las hierbas, la sal y la pimienta.
≈ Remuévalo todo y déjelo cocer 2 minutos más.
≈ Sirva las gambas en cuencos pequeños, con gajos de limón.

PESCADITOS MARINADOS

INGREDIENTES

$^1/_2$ kg de chanquetes congelados, descongelados (durante unas 2 horas a temperatura ambiente)

1 cucharada de perejil, picado

2 cucharaditas de ajo, majado

2 cucharaditas de pimienta negra recién molida

el zumo de 2 limones (o una cantidad suficiente para cubrir el pescado mientras se deja marinar)

2 chalotes, picadas finas

1 cucharadita de pimienta negra recién molida

$^1/_2$ cucharadita de sal

60 ml de aceite de oliva

PREPARACIÓN

≈ Retire la cabeza de los chanquetes. Abra longitudinalmente los más grandes y quíteles las espinas. Deje enteros los más pequeños.
≈ Dispóngalos en una bandeja o en una fuente cuadrada (que no sea de metal).
≈ Cúbralos con el perejil, el ajo, el zumo, las chalotes, la pimienta y la sal.
≈ Déjelos marinar durante 24 horas en el frigorífico.
≈ Escurra el exceso de zumo.
≈ Cubra los pescaditos con el aceite, déjelos reposar durante 1 hora y sírvalos.

PESCADITOS FRITOS

INGREDIENTES

½ kg de chanquetes congelados

120 ml de leche, a temperatura ambiente

harina para rebozar

aceite

sal, preferiblemente marina

6 gajos de limón

PREPARACIÓN

≈ Remoje los chanquetes congelados en la leche. Si está demasiado fría, se formarán pequeñas partículas de hielo. Si esto sucede, añada unas gotas de agua caliente.

≈ Reboce bien los pescaditos en la harina. Colóquelos sobre un tamiz y muévalo para retirar el exceso de harina.

≈ Póngalos en la cesta de la freidora.

≈ Fríalos en aceite caliente durante 3 minutos en 2 ó 3 tandas; no fría demasiados a la vez, pues se adherirían.

≈ Espolvoréelos con sal y sírvalos de inmediato con gajos de limón.

TARTALETAS DE CANGREJO Y BRANDY

Para 6 tartaletas o una tarta de 20 cm de diámetro:

INGREDIENTES

200 g de pasta quebrada (vea la receta básica)

50 g de mantequilla

½ cebolla mediana, picada fina
(preferiblemente cebolla roja, pues su sabor es más suave)

1 cucharadita de concentrado de tomate

1 pizca de azúcar

½ vaso de vino blanco

½ kg de carne de cangrejo

1 pizca de nuez moscada

1 cucharada de perejil, picado

sal y pimienta negra recién molida

el zumo de 2 naranjas

1 golpe de brandy

4 huevos y 1 yema adicional

250 ml de leche (o la misma cantidad de nata líquida
si se prefiere un sabor más intenso)

75 g de queso manchego

PREPARACIÓN

≈ Prepare la pasta quebrada, déjela reposar y forre los moldes con una capa fina. Hornéela en seco: cúbrala con papel de aluminio, esparza legumbres secas por encima y cuézala en el horno precalentado a 230°C de 5 a 8 minutos.

PREPARACIÓN DEL RELLENO

≈ Funda la mantequilla en un cazo. Añada la cebolla y sofríala suavemente, tapada, hasta que esté tierna.
≈ Agregue el concentrado de tomate y el azúcar y, seguidamente, el vino blanco.
≈ Incorpore la carne de cangrejo, la nuez moscada, el perejil, la sal y la pimienta.
≈ Añada el zumo de naranja y el brandy y déjelo cocer todo suavemente durante 5 minutos. Remuévalo, retírelo del fuego y déjelo enfriar.
≈ Prepare una crema: bata bien los huevos junto con la leche o la nata en un cuenco grande.
≈ Incorpore la mezcla de cangrejo y el queso a la crema y mézclelo todo. Rectifique de sal y añada un poco de pimienta negra recién molida.
≈ Rellene los moldes de pasta quebrada con cucharadas de la mezcla de cangrejo.
≈ Hornéelo a una temperatura media (180°C) hasta que cuaje y se dore, unos 15 ó 20 minutos aproximadamente.

BROCHETAS DE BOGAVANTE Y POLLO

Para esta receta necesitará 6 brochetas.

INGREDIENTES

2 bogavantes vivos, de ¾ kg cada uno

2 pechugas de pollo, de 200 g cada una, en dados pequeños

vino blanco seco

2 limas, peladas y cortadas en gajos

120 ml mayonesa con tomate y ajo (vea la receta básica; añada una
cantidad de tomates de pera en conserva equivalente a la mitad de
mayonesa y mézclelo en un robot de cocina, junto con más sal, pimienta
y bastante ajo –2 cucharaditas por cada 250 ml de mayonesa)

PREPARACIÓN

≈ Introduzca los bogavantes en una cacerola con agua salada hirviendo. Baje el fuego y deje cocer unos 5 minutos o hasta que adquieran un tono rosado.
≈ Separe la cola de la cabeza con un pequeño movimiento giratorio. Pélelos y trocee la carne.
≈ Cueza los trozos de pollo en un poco de vino blanco entre 6 y 8 minutos. Déjelo enfriar.
≈ Ensarte alternativamente los trozos de bogavante, de pollo y de lima en las brochetas.
≈ Cúbralas con la mayonesa con tomate y ajo.

SARDINAS FRITAS

INGREDIENTES

12 *sardinas (de unos 10 cm de largo)*
50 g de harina sazonada

MEZCLE ESTOS INGREDIENTES PARA LA MARINADA:

2 *cucharaditas de perejil, picado*
60 ml de zumo de limón
$^1/_2$ *cucharadita de ajo, majado*
sal y pimienta negra
60 ml de aceite de oliva

PREPARACIÓN

≈ Retire la cabeza de las sardinas y córtelas longitudinalmente por el vientre, con cuidado de no dividirlas por completo ni atravesar la espina. Ábralas.

≈ Unte las sardinas con la marinada y déjelas reposar durante 20 minutos.

≈ Espolvoréelas con la harina hasta cubrirlas bien. Sacuda el exceso de harina y salpimiéntelas.

≈ Caliente el aceite y fría las sardinas, dándoles la vuelta para que se doren por ambos lados.

INGREDIENTES PARA LA SALSA

sal y pimienta negra al gusto
1 *tomate carnoso grande, pelado y troceado*
1 *pimiento verde pequeño, sin semillas y picado*
25 g de cebolla, picada
mayonesa suficiente para ligar la salsa (vea la receta básica)

PREPARACIÓN DE LA SALSA

≈ Mezcle todos los ingredientes y sirva la salsa en los platos con las sardinas o por separado.

BACALAO CON
PIMIENTOS VERDES Y PATATAS

INGREDIENTES

³/₄ _kg de bacalao en salazón, en trozos pequeños_
20 ml de aceite de oliva
1 cebolla grande, troceada
1 tallo de apio, troceado
1 pimiento verde mediano, sin semillas y en tiras finas
1 puerro grande, lavado y troceado
1 cucharadita de ajo, majado
4 patatas medianas, lavadas y _en rodajas de 1,25 cm de grosor_
1 vaso de vino blanco seco
300 ml de caldo de pescado (vea la receta básica)
pimienta negra
1 cucharada de perejil, picado

PREPARACIÓN

≈ Deje el bacalao en remojo 24 horas, cambiando el agua al menos 3 veces. Córtelo en trozos de 5 cm.

≈ Caliente el aceite en una cazuela y sofría la cebolla, el apio y el pimiento verde.

≈ Añada el puerro, el ajo, la patata y el vino. Reduzca el vino a la mitad.

≈ Agregue el caldo, tápelo y déjelo cocer hasta que las hortalizas estén tiernas. En caso de necesitar algo más de líquido, añada un poco de agua.

≈ Añada el bacalao y abundante pimienta negra. Remuévalo y déjelo cocer de 6 a 8 minutos más.

≈ Sirva el bacalao en platos hondos, con bastante salsa y perejil picado.

RAPE CON SALSA DE ANCHOAS

INGREDIENTES

½ kg de cola de rape, limpio, sin piel y en dados
harina
120 ml de aceite de oliva
60 ml de esencia de anchoas
1 cucharada de pimienta negra molida

PREPARACIÓN

≈ Sazone el pescado y espolvoréelo ligeramente con harina.

≈ Caliente el aceite en una cacerola, añada los trozos de rape y baje el fuego.

≈ Tape la cacerola y déjelo cocer entre 4 y 6 minutos, hasta que la carne quede elástica y esté casi hecha.

≈ Retire el pescado y manténgalo caliente.

≈ Añada a la cacerola el resto de ingredientes y llévelo a ebullición.

≈ Compruebe que la salsa tenga un intenso sabor a pimienta.

≈ Coloque el rape de nuevo en la cacerola, remuévalo y sírvalo.

BROCHETAS DE RAPE

Para esta receta necesitará 6 brochetas grandes.

INGREDIENTES

1 kg de cola de rape, sin piel, sin espinas y en dados; marinado en 3 partes de agua y 1 parte de zumo de lima

INGREDIENTES PARA LA SALSA

4 guindillas rojas, sin semillas y picadas
aceite de oliva
2 tomates carnosos grandes, pelados y troceados
1 cucharadita de orégano
1 cucharadita de pimienta negra
1 cucharadita de semillas de comino
1 cucharadita de jengibre molido
2 cucharaditas de ajo
½ l de caldo de pescado (vea la receta básica)
½ pepino grande
1 cebolla roja
gajos de lima
salsa Tabasco al gusto

PREPARACIÓN

≈ Fría la guindilla en un poco de aceite de oliva hasta que se oscurezca.

≈ Mezcle el tomate troceado junto con el orégano, la pimienta negra, el comino, el ajo y el caldo de pescado. Incorpore la preparación a las guindillas.

≈ Llévelo todo a ebullición y déjelo cocer unos 10 minutos. Retírelo del fuego.

≈ Corte el pepino en rodajas de 6 cm.

≈ Corte la cebolla roja en octavos; para ello, córtela por la mitad como si de una naranja se tratara y luego corte cada mitad en cuatro.

≈ Ensarte en las brochetas un trozo de cebolla, uno de rape, uno de pepino y así sucesivamente hasta que queden completas.

≈ Cúbralas generosamente con la salsa.

≈ Sirva las brochetas con gajos de lima y salsa Tabasco.

Brochetas de rape y bacon

Para esta receta necesitará 6 brochetas o 12 palillos de cóctel.

INGREDIENTES

24 *champiñones pequeños*

9 *lonchas de bacon de calidad, en tiras de 7,5 cm*

¹/₂ *kg de cola de rape, sin espinas, sin piel y en dados pequeños*

aceite de oliva

sal y pimienta

120 *ml de mayonesa con tomate y ajo (vea la receta básica; añada una cantidad de tomates en conserva equivalente a la mitad de mayonesa y mézclelo en un robot de cocina)*

PREPARACIÓN

≈ En primer lugar, ensarte en la brocheta un champiñón, a continuación una tira de bacon doblada y, por último, un trozo de rape. Repita la operación hasta completar las brochetas y terminar los ingredientes (o las brochetas).

≈ Úntelas con aceite de oliva y salpiméntelas. En este paso puede refrigerarlas hasta que las vaya a utilizar.

≈ Colóquelas sobre una bandeja engrasada en el horno precalentado a 220°C durante unos 7 u 8 minutos aproximadamente, hasta que estén hechas.

≈ Vierta la mayonesa por encima y sírvalas.

Tostadas con ajo y mayonesa de pescado ahumado

Una tapa deliciosa.

INGREDIENTES

2 pimientos verdes, sin semillas y en tiras finas

60 ml de aceite de oliva

pimienta negra

1 tomate, pelado y troceado

200 g de caballa ahumada

200 g de bacalao ahumado (puede utilizar bacalao en salazón;
en tal caso, no añada más sal a la receta)

120 ml de mayonesa aromatizada con ajo (vea la receta básica)

6 rebanadas de pan de molde, en triángulos,
o 1 baguette, en rebanadas redondas

5 g de ajo, majado

30 ml de aceite de oliva

PREPARACIÓN

≈ Rehogue los pimientos a fuego lento en el aceite; añada la pimienta negra y el tomate. Tápelo y déjelo cocer unos 20 minutos o hasta que estén tiernos. Déjelo enfriar.

≈ Pele el pescado y retire las espinas. Mézclelo con la mayonesa aromatizada con ajo y tritúrelo todo junto con la pimienta negra en un robot de cocina. Debería tener una consistencia similar a la de la nata espesa; en caso necesario, añada más mayonesa.

≈ Unte el pan por ambos lados con el ajo y 30 ml de aceite de oliva. Tuéstelo en el horno hasta que se dore.

≈ Cubra las tostadas con un poco de la mezcla de pimiento.

≈ Disponga cucharadas de la mayonesa de pescado ahumado por encima y sírvalo.

El crepúsculo pone de manifiesto el embriagador colorido de Córdoba y el Guadalquivir, río que siempre ha sido una inagotable fuente de inspiración para los compositores de flamenco. Un pasado marcado por los conflictos entre musulmanes, judíos y cristianos se hace patente en la arquitectura, aunque la vida es hoy en día mucho más tranquila.

CROQUETAS DE PESCADO

INGREDIENTES

300 g de pescado blanco. Lávelo, cúbralo hasta la mitad con leche y cuézalo en el horno durante 15 minutos.
Retire la piel, las espinas y las escamas.

300 g de patatas hechas puré

50 g de cebolla, troceada

mantequilla

½ cucharadita de ajo, majado

½ cucharadita de pimentón

1 cucharada de perejil, picado

1 huevo

2 huevos, batidos con un poco de leche, para rebozar

50 g de harina

pan blanco rallado

PREPARACIÓN

≈ Prepare el pescado.
≈ Prepare las patatas en puré (ambas cosas pueden prepararse con antelación).
≈ Sofría la cebolla en un poco de mantequilla hasta que esté tierna; añada el ajo, el pimentón y el perejil. Remuévalo y retírelo del fuego.
≈ Mezcle bien el pescado, las patatas y la cebolla, y sazone la mezcla.
≈ Incorpore el huevo batido. La pasta resultante debería ser consistente y maleable.
≈ Forme pequeños cilindros.
≈ Cubra las croquetas con harina, sacuda el exceso y páselas por la mezcla de huevo de forma que queden bien cubiertas.
≈ Rebócelas con el pan rallado.
≈ Moldéelas de nuevo si fuera necesario.
≈ Puede freír las croquetas en la freidora, en aceite caliente (185°C), de 3 a 5 minutos hasta que estén doradas. O bien, fríalas en mantequilla fundida moviendo la sartén para que se doren uniformemente.
≈ Sírvalas con mayonesa con tomate y ajo (vea la receta de Brochetas de bogavante y pollo) y con gajos de limón.

PULPO A LA GALLEGA

INGREDIENTES

1 pulpo de 2–3 kg

45 ml de vinagre de vino blanco

2 cebollas, picadas

1 cucharada de ajo, majado

1 hoja de laurel

15 granos de pimienta

abundante pimentón

sal marina

PREPARACIÓN

≈ Limpie el pulpo:
Corte los tentáculos justo por debajo del ojo. Empuje el pico con el dedo y extráigalo por entre los tentáculos. Retire los ojos y deséchelos.
Déle la vuelta al cuerpo, retire los intestinos y aclárelo.
Corte los tentáculos en trozos de 4 cm y deseche los extremos más finos.
Trocee el cuerpo en porciones similares.
≈ Coloque el pulpo en una cazuela, cúbralo con agua fría, tápelo y llévelo a ebullición. Retírelo y sumérjalo en agua fría. Llévelo a ebullición de nuevo, enfríelo y repita la misma operación. Esta última vez, incorpore el vinagre, la cebolla, el ajo y las hierbas.
≈ Déjelo cocer hasta que esté tierno, unos 20 minutos aproximadamente. Compruebe la textura del pulpo con frecuencia, ya que existe un momento en que pasa a estar tierno pero se endurece de nuevo.
≈ Espolvoréelo generosamente con pimentón y sal marina, y sírvalo en una fuente grande (se suele servir en tablas de madera).

PULPO CON ACEITE DE OLIVA Y PIMENTÓN

No se deje disuadir por la cantidad de aceite necesaria en esta receta, que resulta deliciosa con trozos de pan del día.

INGREDIENTES

1 *pulpo de 2–3 kg*

aceite de oliva, para cubrir

2 *cucharadas de pimentón*

2 *cucharadas de ajo, majado*

$^1/_2$ *cucharada de sal*

PREPARACIÓN

≈ Prepare el pulpo del mismo modo que en la receta de Pulpo a la gallega. Deje escurrir el líquido de la cocción y córtelo en trozos pequeños.
≈ Cubra el pulpo con aceite de oliva.
≈ Añada al aceite el pimentón, el ajo y la sal.
≈ Llévelo a ebullición y déjelo cocer unos 2 minutos. Retírelo del fuego y déjelo enfriar, o bien sírvalo de inmediato.

Puede refrigerar este plato hasta 3 días. Si lo cubre con film transparente puede calentarlo en el horno microondas. El secreto de la salsa se halla en la sal, que contrarresta la insipidez provocada por la gran cantidad de aceite.

OSTRAS CON LIMA Y TABASCO

INGREDIENTES

12 ostras grandes frescas
salsa Tabasco
el zumo de 4 limas
pimienta negra recién molida

PREPARACIÓN

≈ Abra cuidadosamente las ostras.
≈ Vierta 2 gotas de salsa Tabasco en cada una.
≈ Rocíelas con zumo de lima y espolvoréelas con pimienta negra.
≈ Ya están listas para comer.

OSTRAS "BLOODY MARY"

INGREDIENTES

12 ostras

vodka

salsa Tabasco

salsa Worcestershire

sal y pimienta

zumo de limón

pepino, pelado y picado

tallos de apio (pequeños y tiernos)

zumo de tomate

PREPARACIÓN

≈ Prepare un combinado Bloody Mary picante con los ingredientes indicados, excepto las ostras. Mézclelo todo en una batidora, con algunos cubitos de hielo a fin de que esté bien frío.

≈ Abra cuidadosamente las ostras y rellene las valvas con el combinado Bloody Mary.

≈ Si sobra algo, puede bebérselo.

VIEIRAS CON LIMA Y CANGREJO

INGREDIENTES

12 vieiras pequeñas o medianas,
o bien 6 vieiras grandes cortadas horizontalmente por la mitad

el zumo de 4 limas

el zumo de 2 naranjas

1 golpe de brandy

1 trozo pequeño de jengibre, rallado

sal y pimienta

200 g de carne de cangrejo blanca

PREPARACIÓN

≈ Abra las vieiras y recórteles el músculo. Lávelas y refrigérelas, en las valvas limpias, sobre una bandeja.

≈ Mezcle el zumo de lima, el zumo de naranja, el brandy, el jengibre, la sal y la pimienta y vierta cucharadas de la mezcla sobre las vieiras.

≈ Déjelas marinar de 4 a 6 horas. Las vieiras estarán listas para comer cuando se vuelvan opacas y firmes.

≈ Sazone ligeramente la carne de cangrejo y espárzala por encima de las vieiras.

≈ Sírvalas bien frías.

VIEIRAS EN SALSA DE TOMATE

Este plato puede constituir un pequeño ágape.

INGREDIENTES

| 12 *vieiras pequeñas o 6 grandes* |
| 50 *g de mantequilla* |
| 1 *vaso de vino blanco seco* |

INGREDIENTES PARA LA SALSA

| 50 *g de mantequilla* |
| 50 *g de harina* |
| 500 *ml de leche, tibia* |
| $^1/_2$ *cucharada de concentrado de tomate* |
| 1 *cucharadita de ajo, majado* |
| 1 *cucharadita de azúcar* |
| 2 *tomates carnosos grandes, pelados y picados* |
| 15 *ml de nata espesa* |
| $^1/_2$ *cucharadita de pimienta negra* |
| 100 *g de queso parmesano rallado* |

INGREDIENTES PARA EL PURÉ DE PATATA

| 1 *kg de patatas* |
| *sal* |
| 75 *g de mantequilla* |
| 2 *yemas de huevo* |
| *sal y pimienta* |
| 30 *ml de nata líquida, tibia* |
| 2 *cucharaditas de perejil, picado* |

PREPARACIÓN

≈ Prepare las vieiras: Para abrirlas, colóquelas en el horno precalentado a 230°C unos minutos. Corte la carne de la vieira con un cuchillo afilado, recorte la raíz y lávela bien.
≈ Lave las valvas y resérvelas.
≈ Separe el coral rosa de la parte blanca de la vieira y refrigérelo todo.
≈ Prepare la salsa: Derrita la mantequilla, incorpore la harina y caliéntela hasta obtener una textura arenosa.
≈ Añada gradualmente la leche tibia, sin dejar de batir.
≈ Incorpore el concentrado de tomate, el ajo y el azúcar, dándole vueltas.
≈ Remueva de vez en cuando y déjelo cocer durante 20 minutos a fin de cocinar bien la harina. Agregue los tomates troceados, la nata, el queso y la pimienta. Reserve la salsa.
≈ Mientras se hace la salsa, prepare el puré de patatas. Para ello, pele las patatas, lávelas y córtelas en trozos uniformes. Póngalas en una cacerola con agua salada, llévela a ebullición y deje cocer hasta que estén tiernas.
≈ Escurra las patatas, colóquelas de nuevo en la cacerola, tápela y caliéntelas a fuego lento; agite la cacerola de vez en cuando para que se sequen por completo.
≈ Cháfelas junto con 25 g de mantequilla.
≈ Con una cuchara de madera, incorpore las yemas de huevo y la mantequilla restante. Añada la nata tibia, mézclelo todo y salpiméntelo bien. Agregue el perejil picado.
≈ Introduzca el puré de patata en una manga pastelera con boquilla de estrella.
≈ Cocine las vieiras: Funda la mantequilla y cuando esté caliente, añada las vieiras (no incorpore todavía los corales rosas, puesto que necesitan menos tiempo de cocción). Fríalas por ambas caras.
≈ Agregue el vino, llévelo a ebullición, incorpore los corales rosas y déjelo cocer todo unos 3 minutos.
≈ Disponga las valvas en una bandeja de horno y vierta 1 cucharadita de la salsa en cada una de ellas.
≈ Coloque una vieira y un coral en cada valva y cúbralas con salsa.
≈ Forme pequeñas estrellas de puré de patata alrededor del borde de las valvas.
≈ Esparza el queso por encima y hornee las vieiras a 220°C unos 5 minutos o hasta que se dore el queso. Sírvalas con gajos de limón.

Mejillones y judías con tomate

INGREDIENTES

1 *kg de judías blancas*
30 *ml de aceite de oliva*
1 *cebolla, picada*
2 *lonchas de bacon de calidad, troceadas*
2 *cucharaditas de ajo, majado*
1 *l de caldo de pollo (vea la receta básica)*
1 *kg de mejillones, lavados y sin barbas*
1 *tomate carnoso grande, pelado y troceado*
1 *cucharada de perejil, picado*
el zumo de 1 limón
sal y pimienta

PREPARACIÓN

≈ Deje las judías en remojo en agua fría toda una noche, o bien cómprelas en lata.

≈ Caliente el aceite y rehogue la cebolla hasta que esté tierna. Añada el bacon y sofríalo.

≈ Incorpore las judías y el ajo, vierta el caldo de pollo por encima y déjelo cocer (las judías en lata necesitan unos 20 minutos, mientras que las secas precisan 2 horas).

≈ Agregue los mejillones, agítelo un poco, tápelo y déjelo cocer hasta que los moluscos se abran.

≈ Incorpore el tomate, el perejil y el zumo de limón. Salpimiéntelo y sírvalo en cuencos pequeños.

PUCHERO DE ESPINACAS CON MEJILLONES

INGREDIENTES

¹/₂ *kg de espinacas*
1 *cebolla, picada*
50 *g de mantequilla*
1 *cucharadita de ajo, majado*
1 *pizca de nuez moscada*
sal y pimienta negra
1 *vaso de vino blanco seco*
³/₄ *l de caldo de pollo (vea la receta básica)*
1 *kg de mejillones, limpios y sin barbas*
30 *ml de nata líquida*

PREPARACIÓN

≈ Si utiliza espinacas frescas, selecciónelas y deseche los tallos y las nervaduras más gruesas. Lávelas bien. Las espinacas congeladas no necesitan cocción.

≈ Colóquelas en una cacerola con agua salada hirviendo. Hiérvalas durante 2 minutos, retírelas del fuego y enfríelas bajo el grifo. Estrújelas para escurrirlas y trocéelas finas.

≈ Rehogue la cebolla en la mantequilla. Incorpore las espinacas, el ajo, la nuez moscada, la sal y la pimienta.

≈ Añada el vino blanco y suba el fuego. Déjelo cocer 5 minutos, hasta que el vino se haya reducido casi por completo.

≈ Agregue el caldo y llévelo a ebullición. Remuévalo y déjelo cocer 5 minutos más.

≈ La mezcla debería alcanzar una consistencia similar a la de la nata espesa. En caso de que quede demasiado líquida, manténgala al fuego sin dejar de remover.

≈ Añada los mejillones y tápelo. Déjelo cocer, agitando continuamente la cacerola, hasta que se abran los moluscos.

≈ Retírelo del fuego y rectifique de sal y pimienta. Un poco de pimienta negra molida realza el sabor de las espinacas.

≈ Vierta el puchero en cuencos, distribuya los mejillones y rocíelos con un pequeño remolino de nata y sírvalo.

MEJILLONES Y ANCHOAS AL ESTILO DE SAN SEBASTIÁN

INGREDIENTES

2 cebollas medianas, picadas

2 pimientos verdes, sin semillas y picados finos

120 ml de aceite de oliva

1 cucharadita de ajo, majado

1 cucharada de pimentón

$^1/_2$ kg de anchoas frescas o
$^1/_2$ kg de chanquetes congelados, descongelados

240 ml de vino blanco seco

240 ml de vinagre

240 ml de caldo de pescado (vea la receta básica)

1 kg de mejillones, limpios y sin barbas

PREPARACIÓN

≈ Rehogue las cebollas y los pimientos en el aceite de oliva.
≈ Añada el ajo y el pimentón, remuévalo y agregue las anchoas.
≈ Déjelo cocer 5 minutos aproximadamente.
≈ Vierta por encima el vino, el vinagre y el caldo, y llévelo a ebullición.
≈ Incorpore los mejillones. Tápelo y déjelo cocer hasta que éstos se abran.
≈ Salpiméntelo y sírvalo en platos hondos.

MEJILLONES EN GAZPACHO

INGREDIENTES

$^1/_2$ cebolla mediana, picada fina

250 ml de vino blanco seco

2 tallos de perejil

piel de limón

1 kg de mejillones, limpios y sin barbas;
deseche los que estén abiertos

1 l de gazpacho frío (vea la receta correspondiente); añada más
vinagre y pimienta negra para que quede más picante y agrio

PREPARACIÓN

≈ Ponga la cebolla, el vino, el perejil y un trozo de piel de limón en un cazo, y llévelo a ebullición.
≈ Añada los mejillones. Tápelo, agítelo y déjelo cocer hasta que éstos se abran.
≈ Retire el cazo del fuego y déjelo enfriar.
≈ Una vez frío, incorpore el gazpacho, remuévalo y dispóngalo en cuencos individuales.
≈ Sírvalo con pan y, si lo desea, con mantequilla de ajo.

MEJILLONES RELLENOS FRITOS

INGREDIENTES

1 cebolla mediana, picada

50 g de mantequilla

250 ml de vino blanco seco

2 tallos de perejil

1 tira de piel de limón

*36 mejillones (1 kg aproximadamente), limpios y sin barbas;
deseche los que estén abiertos*

*250 ml de salsa bechamel elaborada con 75 g de mantequilla,
75 g de harina, 250 ml de leche, sal y pimienta (vea la preparación)*

125 g de jamón serrano (o jamón de Parma)

200 g de pan blanco tierno rallado

75 g de queso parmesano rallado

sal y pimienta

4 huevos, batidos junto con 1/4 taza de agua caliente

aceite para freír

2 cucharadas de perejil, picado

PREPARACIÓN

≈ Rehogue la cebolla en una cacerola con mantequilla.

≈ Añada el vino, los tallos de perejil, la piel de limón y llévelo a ebullición.

≈ Agregue los mejillones, tápelo y déjelo cocer a fuego fuerte, agitándolo hasta que los moluscos se abran.

≈ Retire los mejillones con una espumadera y déjelos enfriar en un cuenco.

≈ Cuele el líquido de la cocción y resérvelo para incorporarlo a la bechamel.

≈ Prepare la bechamel:
Funda la mantequilla e incorpore la harina.
Caliente 250 ml de leche y añádala de forma gradual a la mezcla, batiendo con una cuchara de madera.
Agregue el líquido de la cocción de los mejillones y déjelo cocer unos 20 minutos.
Salpimiente la salsa.
La bechamel debería quedar bastante espesa.

≈ Retire los mejillones de las valvas (resérvelas).

≈ Pique los mejillones junto con el jamón y disponga cucharaditas de la mezcla en las valvas, dejando espacio suficiente para la salsa.

≈ Rellénelas con la bechamel, con la ayuda de una cuchara o de una espátula pequeña, de forma que la mezcla anterior quede cubierta por completo. Refrigérelo hasta que el relleno adquiera consistencia, aproximadamente 1 hora.

≈ Mezcle el pan rallado con el queso y salpimiéntelo.

≈ Sumerja los mejillones en la mezcla de huevo y, a continuación, rebócelos con el pan de manera que queden cubiertos uniformemente.

≈ Fríalos en aceite caliente.

≈ Escúrralos sobre papel encerado, espolvoréelos con perejil picado y sírvalos de inmediato.

TAPA DE MEJILLONES, GAMBAS Y CALAMARES

INGREDIENTES

1¹/₂ l de aceite de oliva

¹/₂ kg de gambas con cáscara, congeladas

³/₄ l de zumo de limón

1 kg de mejillones, limpios y sin barbas;
deseche los que estén abiertos

¹/₂ kg de calamar, limpio (como en la receta de
Calamares fritos) y escaldado

3 cucharaditas de ajo, majado

3 cucharaditas de pimentón

sal y pimienta

PREPARACIÓN

≈ En un cazo, lleve el aceite a ebullición e incorpore las gambas. Tápelo y retírelo el fuego. Deje que se calienten las gambas, durante unos 3 minutos.

≈ Añada el resto de ingredientes, colóquelo de nuevo al fuego y llévelo a ebullición.

≈ Tápelo y agítelo hasta que se abran los mejillones.

≈ Salpiméntelo y sírvalo en cuencos pequeños.

EMPANADA DE CALAMAR

La empanada es una especie de tarta salada típica española que puede contener rellenos muy diversos.
La masa se puede elaborar a base de pasta quebrada, masa de pan o incluso hojaldre hecho con manteca de cerdo.
La empanada suele ser grande y se sirve fría en porciones. Constituye la atracción principal
de cualquier comida a base de tapas.

INGREDIENTES PARA EL RELLENO

60 ml de aceite de oliva
100 g de cebolla, picada
1 cucharadita de ajo, majado
2 pimientos verdes, sin semillas y en tiras finas
3 tomates, pelados y cortados por la mitad
2 guindillas rojas, sin semillas y picadas
½ kg de calamar, preparado según los 9 primeros pasos de la receta de Calamares fritos
240 ml de vino tinto de la Rioja
240 ml de caldo de pescado (vea la receta básica)
1–2 cucharaditas de sal
2 cucharaditas de pimentón
1 ramita de tomillo fresco
½ kg de mejillones, limpios, sin barbas y cocidos en un poco de agua salada hirviendo durante 5 minutos
200 g de gambas peladas
sal y pimienta
2 tomates, pelados y en rodajas
1 yema de huevo, batida con un poco de leche, para untar la empanada

PREPARACIÓN

≈ Caliente el aceite en una sartén grande y sofría la cebolla y el ajo. Añada los pimientos y los tomates.
≈ Agregue las guindillas, remuévalo todo y sofríalo durante 10 minutos.
≈ Incorpore los aros de calamar y los tentáculos troceados.
≈ Vierta en la sartén el vino tinto y el caldo, tápelo y déjelo cocer 20 minutos a fuego moderado. Agregue la sal, el pimentón y el tomillo; remuévalo. Si la mezcla tiene un aspecto más bien seco, añada un poco de agua.
≈ Separe los mejillones de las valvas e incorpórelos a la mezcla, junto con las gambas. Retírelo del fuego y salpimiéntelo.

INGREDIENTES PARA LA MASA

450 g de harina blanca
25 g de levadura fresca (o 12,5 g de levadura seca)
270 ml de leche tibia
50 g de mantequilla
2 huevos
1 cucharadita de sal

PREPARACIÓN

≈ Tamice la harina en un cuenco y forme un hueco en el centro.
≈ Desmigaje o espolvoree la levadura en el hueco. Vierta la leche tibia y remueva bien a fin de disolver la levadura. Cúbralo todo con una capa fina de harina, pero no la mezcle con la masa.
≈ Tape el cuenco con un paño y deje reposar unos 15 minutos en un lugar cálido. Cuando la masa haya aumentado suficientemente de volumen, se agrietará la capa de harina.
≈ Mientras la masa fermenta, derrita la mantequilla en un cazo, añada los huevos y bátalo todo. Sálelo y déjelo enfriar ligeramente.
≈ Vierta esta mezcla sobre la masa fermentada y mézclelo todo bien con una cuchara de madera hasta que tenga un aspecto homogéneo.
≈ Trabaje la masa con las manos hasta que quede seca y sin grumos. Si está demasiado blanda, añada un poco más de harina.
≈ Forme una bola, colóquela en el cuenco y espolvoréela ligeramente con harina. Cubra el cuenco con un paño y deje reposar unos 20 minutos en un lugar cálido. El volumen de la masa debería duplicarse, como mínimo.
≈ Amásela de nuevo y déjela reposar 20 minutos más, tapada. Entonces estará lista para su uso.
≈ Engrase una placa y extienda en ella la mitad de la masa. Cubra la base con el relleno; recuerde que la empanada crecerá.
≈ Disponga por encima las rodajas de tomate y espolvoréelo con un poco de sal.
≈ Extienda la masa restante con un rodillo, cubra la empanada y selle bien los bordes. Píntela con la yema de huevo y decórela a su gusto. Generalmente se emplea una serie de tiras finas en forma de sencillo enrejado.
≈ Deje reposar la empanada unos 10 minutos antes de hornearla.
≈ Hornéela a 200°C durante 30 minutos. Déjela enfriar y sírvala en porciones.

CALAMARES FRITOS

PARA LIMPIAR EL CALAMAR

≈ Corte los tentáculos justo por debajo de los ojos y resérvelos. Apriete la parte superior de los tentáculos y el pico saldrá hacia fuera; deséchelo.

≈ Vacíe el cuerpo en el fregadero, empujando con los dedos por debajo de la valva, que parece de plástico.

≈ Extraiga la valva y deséchela.

≈ Retire los intestinos con cuidado a fin de que salgan de una pieza; deséchelos. Aclare el interior del cuerpo.

≈ Arranque con firmeza las aletas laterales. Así, la piel membranosa violeta se desprenderá con mayor facilidad.

≈ Aclárelo bien y corte el cuerpo transversalmente en aros de 1,25 cm de grosor. Mézclelos con los tentáculos y aclárelo todo de nuevo.

≈ Llene una cacerola con suficiente agua para que el calamar quede completamente cubierto y póngala al fuego. Cuando hierva, incorpore los trozos de calamar y vuélvalo a llevar a ebullición.

≈ Retírelo entonces del fuego y enfríelo de inmediato en agua fría.

≈ Los calamares ya están listos para su uso posterior.

INGREDIENTES

3 *huevos*
1 *kg de calamar, limpio*
sal y pimienta
harina
3 *limones*

PREPARACIÓN

≈ Cubra los calamares con huevo y salpiméntelos.

≈ Añada poco a poco suficiente harina, mezclándolo todo bien hasta obtener una pasta espesa.

≈ Caliente la freidora a 185°C y sumerja en el aceite los trozos de calamar, de uno en uno y con suavidad.

≈ Agítelos y fríalos hasta que se doren.

≈ Retírelos, escúrralos, espolvoréelos con sal y sírvalos con unos cuantos gajos de limón.

NOTA: Si la freidora es pequeña para freír todos los calamares de una vez, hágalo en 2 ó 3 tandas. Mantenga calientes los calamares ya fritos hasta que todos estén listos.

Verduras

·················

Gazpacho

INGREDIENTES

3 rebanadas de pan del día anterior, mojádo
1 pepino
1 pimiento verde, sin semillas
500 g de tomates carnosos maduros
1 cebolla mediana
1 cucharadita de ajo, majado
2 cucharadas de aceite de oliva
2 cucharadas de vinagre
sal y pimienta negra

PREPARACIÓN

≈ Triture todos los ingredientes en un robot de cocina, salpimiéntelo bien y refrigérelo.

Si lo prefiere más líquido, añada agua helada y remuévalo.

Ensalada de tomate con vinagreta mediterránea

Es una ensalada muy agradable para tomar en verano, acompañada con queso y una cerveza fría, o bien con filetes de anchoa entre el tomate y la cebolla.

INGREDIENTES

3 tomates carnosos grandes
½ cebolla, en aros finos
aceitunas negras
¼ l vinagreta mediterránea (vea la receta básica)

PREPARACIÓN

≈ Corte los tomates en rodajas horizontales. Dispóngalas en un cuenco grande con aros de cebolla entre las diferentes capas, o bien en una fuente amplia. Esparza aceitunas negras por encima.
≈ Rocíe los tomates con el aliño y sirva la ensalada.

Si no va a servirla al instante, añada el aliño 20 minutos antes de servir la ensalada.

TOMATES RELLENOS

Puede utilizar tomates pequeños o tomates carnosos grandes para esta receta,
muy sencilla y que aporta un vistoso toque de color a la mesa.

INGREDIENTES

8 tomates redondos pequeños o 3 tomates carnosos grandes

4 huevos duros, fríos y pelados

90 ml de mayonesa aromatizada con ajo

sal y pimienta negra

1 cucharada de perejil, picado

1 cucharada de pan blanco rallado, para los tomates carnosos grandes

PREPARACIÓN

≈ Para pelar los tomates, primero retire el corazón con un cuchillo afilado y marque una incisión en forma de cruz en el extremo opuesto del tomate. Colóquelos en una cacerola con agua hirviendo durante 10 segundos, retírelos y sumérjalos en un cuenco con agua helada o muy fría (este último paso tiene como fin impedir que los tomates se cuezan y se ablanden).

≈ Separe el casquete superior de los tomates y recorte también las bases, pero sólo lo necesario para que éstos se mantengan de pie. Si utiliza tomates pequeños, reserve la parte superior; esto no es necesario si usa tomates grandes.
≈ Vacíe los tomates con una cucharilla o con un cuchillo pequeño afilado.
≈ Triture los huevos junto con la mayonesa, la sal, la pimienta y el perejil.
≈ Rellene los tomates, presionando con firmeza. Si utiliza tomates pequeños, disponga las tapaderas de manera atractiva. En caso de no servirlos de inmediato, úntelos con aceite de oliva y pimienta negra para evitar que se resequen. Guárdelos envueltos en film transparente.
≈ Si utiliza tomates grandes, el relleno debe quedar muy consistente, de modo que se pueda cortar. Si decide preparar la mayonesa, utilice más yemas de huevo para espesarla. En caso de tratarse de mayonesa envasada, añada pan blanco rallado hasta que adquiera una consistencia similar a la del puré de patatas. Salpimiéntela al gusto. Rellene los tomates, presionando con firmeza, hasta que queden rasos. Refrigérelos 1 hora y córtelos en rodajas con un cuchillo de trinchar afilado. Espolvoréelos con perejil picado.

SOPA DE AJO

INGREDIENTES

6 dientes de ajo, fileteados

3 rebanadas de pan, en dados

3 cucharaditas rasas de pimentón

1 l de agua

sal y pimienta

aceite

6 huevos (opcional)

PREPARACIÓN

≈ Dore en aceite los ajos fileteados junto con los dados de pan y el pimentón.

≈ Cuando esté bien dorado, añada el agua, salpimiéntelo y déjelo cocer unos 30 minutos. Rectifique de sal y pimienta.

≈ Coloque una sartén al fuego y fría los huevos en aceite caliente. Sirva la sopa en cazuelas de barro o en platos hondos y disponga un huevo encima de cada uno.

PAN CON AJO

INGREDIENTES

1 pan redondo grande, o 6 panes pita pequeños

200 g de mantequilla, a temperatura ambiente

2 cucharaditas de ajo, pelado (colóquelo en una bandeja en el horno caliente durante 10 minutos y la piel se desprenderá)

1 cucharada de perejil, picado

sal y pimienta negra

PREPARACIÓN

≈ Maje el ajo pelado, junto con un poco de sal, con un utensilio a tal efecto, en el robot de cocina o aplastándolo con la hoja de un cuchillo grande, según el método tradicional.

≈ Mezcle el ajo majado con la mantequilla e incorpore el perejil picado, la sal y la pimienta.

≈ Tueste el pan en el horno, precalentado a 230°C, durante 15 minutos. Si utiliza pan pita, rocíelo con un poco de agua antes de tostarlo para que resulte más tierno.

≈ Corte el pan en rebanadas, úntelas con la mantequilla y sírvalas.

Existen numerosas alternativas muy apetitosas:

≈ Añada 1 cucharadita colmada de concentrado de tomate a la mantequilla, unte las rebanadas de pan con la mantequilla resultante y tuéstelas.

≈ Utilice 150 g de mantequilla y 100 g de queso rallado. Mézclelo con el ajo y el perejil. Caliente el pan, córtelo en rebanadas, úntelas con la mantequilla al queso y hornéelas a fin de fundir el queso. Salpiméntelas y sírvalas.

CHAMPIÑONES SALTEADOS CON AJO

INGREDIENTES

75 g de mantequilla
750 g de champiñones, pequeños o grandes
unas gotas de zumo de limón
sal y pimienta negra
3 cucharaditas de ajo, majado
1 cucharada de cilantro o perejil, picado

PREPARACIÓN

≈ Caliente la mantequilla en una cacerola grande.
≈ Añada los champiñones y sofríalos suavemente, tapados, durante 5 minutos, agitando la cacerola de vez en cuando.
≈ Agregue el zumo de limón, la sal y la pimienta.
≈ Suba el fuego y remueva bien los champiñones.
≈ Añada el ajo, remueva y déjelo cocer 2 minutos.
≈ Agregue el cilantro o el perejil y déjelo cocer todo 1 minuto más. Retírelo del fuego y sírvalo.

Mazorca de maíz con mantequilla de ajo

PREPARACIÓN

≈ Retire las hojas verdes de la mazorca fresca. Póngala en agua salada hirviendo con una gota de aceite de oliva.
≈ Déjela cocer 20 minutos o hasta que el maíz esté tierno y bien hecho.
≈ Retírelo del fuego y escúrralo.
≈ Unte generosamente el maíz con mantequilla de ajo (vea la receta de Pan con ajo).
≈ Espolvoréelo con sal y pimienta negra recién molida.

Patatas con bacon

INGREDIENTES

60 ml de aceite de oliva
8 patatas medianas (pélelas y trocéelas si usa patatas viejas)
2 cebollas, picadas
15 ml de aceite a la guindilla (vea la receta básica)
8 lonchas de bacon de calidad, troceado
1 cucharadita de ajo
sal y pimienta

PREPARACIÓN

≈ Caliente el aceite y fría las patatas, removiendo de vez en cuando. Retírelas y resérvelas en una fuente caliente.
≈ Añada a la sartén las cebollas y el aceite a la guindilla y sofríalas hasta que estén tiernas. Incorpore el bacon y remueva hasta que esté cocido, unos 3 ó 4 minutos. Agregue el ajo 2 minutos antes de apagar el fuego, para que no se queme. Salpimiente la mezcla, viértala sobre las patatas y sírvalas.

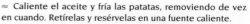

49

Patatas con salsa picante

Se sirven con una salsa picante y ligeramente dulce.

INGREDIENTES

1 *cebolla, picada*
30 *ml de aceite de oliva*
1 *hoja de laurel*
2 *guindillas rojas*
2 *cucharaditas de ajo*
1 *cucharada de concentrado de tomate*
¹⁄₂ *cucharada de azúcar (hasta 1 cucharada si la salsa resulta demasiado agria para su gusto)*
1 *cucharada de salsa de soja*
450 *g de tomates de pera en lata, troceados*
1 *vaso de vino blanco*
sal y pimienta negra
8 *patatas medianas*

PREPARACIÓN DE LA SALSA

≈ Rehogue las cebollas en el aceite junto con la hoja de laurel.

≈ Cuando estén tiernas, incorpore las guindillas, el ajo, el concentrado de tomate, el azúcar y la salsa de soja. Sofríalo todo otros 5 minutos a fuego lento.

≈ Añada los tomates troceados y el vino blanco. Remuévalo, llévelo a ebullición y déjelo cocer 10 minutos. Rectifique de sal y pimienta.

Esta salsa debe resultar ligeramente dulce y no tiene que predominar el sabor a tomate.

PREPARACIÓN DE LAS PATATAS

≈ Corte las patatas en dados.

≈ Engrase una bandeja de horno. Salpimiente las patatas abundantemente y úntelas con la mantequilla fundida.

≈ Áselas al horno, precalentado a 230°C, hasta que se doren.

≈ Vierta la salsa por encima y sírvalas.

Ensalada de patatas con salsa de anchoas

INGREDIENTES

¹/₂ kg de patatas, lavadas, peladas y cortadas en trozos uniformes

1 *cucharada de pasta o esencia de anchoas*

60 ml de mayonesa (vea la receta básica)

2 *cucharaditas de perejil, picado*

¹/₂ *cucharadita de pimienta negra recién molida*

PREPARACIÓN

≈ Ponga las patatas en una cacerola con agua salada, llévelas a ebullición y déjelas cocer suavemente unos 10 minutos o hasta que estén cocidas pero no deshechas.
≈ Escúrralas y enfríelas bajo el grifo.
≈ Mezcle la pasta de anchoas y la mayonesa junto con el perejil y la pimienta. Pruebe la salsa y si prefiere un sabor más intenso, añada unas gotas más de esencia de anchoas.
≈ Mézclela con las patatas y sirva la ensalada.

CROQUETAS DE PATATA Y QUESO

INGREDIENTES

1 kg de patatas
2 yemas de huevo
50 g de mantequilla
sal y pimienta
1 pizca de nuez moscada
1 golpe de jerez
100 g de queso parmesano rallado
1 pizca de mostaza
2 cucharadas de perejil, picado
harina sazonada
1 huevo, batido con un poco de leche
pan rallado

PREPARACIÓN

≈ Lave las patatas, pélelas y córtelas uniformemente. Cuézalas en agua salada hasta que estén tiernas y escúrralas.

≈ Ponga las patatas de nuevo en la cacerola, tápela y caliéntelas a fuego lento a fin de secarlas por completo, removiendo de vez en cuando para que no se quemen.

≈ En un robot de cocina, triture las patatas junto con las yemas de huevo, la mantequilla, la sal y la pimienta.

≈ Incorpore la nuez moscada, el jerez, el queso parmesano, la mostaza y el perejil. La consistencia de la pasta debe ser similar a la de un puré de patatas muy espeso. Si la mezcla demasiado quedará viscosa; en ese caso, incorpore algo de harina y trabájela con las manos.

≈ Rectifique de sal y pimienta y forme cilindros de aproximadamente 13 x 5 cm.

≈ Pase las croquetas por la harina sazonada, báñelas en la mezcla de huevo y rebócelas con el pan rallado.

≈ Fríalas en la freidora con abundante aceite caliente, a 185°C. Una vez doradas, escúrralas bien y sírvalas.

NOTA: Si desea preparar las croquetas con antelación para freírlas más tarde o al día siguiente, dispóngalas en una fuente, cúbrala con film transparente y refrigérelas.

Tartaletas de espárrago y lechuga

El espárrago es un producto habitual en la cocina española. No obstante, debido a su elevado precio en otros países, puede mezclarse con lechuga para esta receta –preferiblemente lechuga iceberg, aunque puede usar cualquier lechuga redonda. Si utiliza espárragos frescos, reserve algunas puntas para decorar las tartaletas.

INGREDIENTES

½ kg de espárragos frescos, o una lata de 400 g
el zumo de 1 limón
1 cebolla mediana, picada fina
50 g de mantequilla
½ lechuga
1 cucharadita de ajoaceite
sal y pimienta recién molida
30 ml de vino blanco seco
¼ l de nata líquida
4 huevos y 1 yema adicional
100 g de queso, preferiblemente manchego
200 g de pasta quebrada (vea la receta básica)
1 molde para tartas de 20 cm de diámetro, o 10 moldes para tartaletas

PREPARACIÓN

≈ Si utiliza espárragos frescos, deseche la parte blanca y fibrosa de la raíz y corte el resto en trozos de 1,25 cm. Reserve las puntas.

≈ Ponga los espárragos troceados, excepto las puntas, en una cacerola con agua salada hirviendo a la que habrá añadido el zumo de limón.

≈ Déjelos cocer de 8 a 10 minutos hasta que estén tiernos e incorpore las puntas al cabo de 5 minutos.

≈ Retírelo del fuego y enfríelo con agua fría. Para evitar que se rompan las puntas de los espárragos, ponga un tamiz bajo el grifo.

≈ Si utiliza espárragos en conserva, escúrralos bien y trocéelos de modo uniforme.

≈ Rehogue la cebolla en la mantequilla, tapada, hasta que esté tierna.

≈ Añada la lechuga picada a la cebolla y vaya removiendo.

≈ Agregue el ajo y salpiméntelo.

≈ Incorpore el vino blanco, remuévalo y déjelo cocer hasta que la lechuga se ablande. Si necesita más líquido, añada un poco de agua. Tápelo y déjelo cocer 5 minutos.

≈ Retírelo del fuego y déjelo enfriar.

≈ Mezcle los espárragos con la cebolla y la lechuga.

≈ Engrase y enharine 10 moldes para tartaletas o un molde de 20 cm de diámetro, y déjelo en un lugar fresco.

≈ Hornee la pasta en seco: Cubra la pasta con papel de aluminio, esparza legumbres secas o arroz por encima e introdúzcala en el horno precalentado a 230°C, entre 5 y 8 minutos. Retire el papel de aluminio y las legumbres.

≈ Mezcle la nata con los huevos y un poco de sal y de pimienta negra. Bátalo bien para deshacer las claras. Añada el queso rallado y siga batiendo.

≈ Incorpore la mezcla de lechuga y espárragos y remuévalo todo para que la crema quede bien distribuida.

≈ Vierta cucharadas de la mezcla en las tartaletas y decórelas con las puntas de los espárragos.

≈ Hornee las tartaletas a una temperatura moderada (180°C) durante 10 minutos, o durante 15 minutos si se trata de una tarta grande.

Estarán listas cuando el relleno esté consistente y dorado.

PEPINO EN VINAGRE CON GUINDILLA

Aunque pueda parecer no demasiado apetitoso, resulta exquisito.
También es ideal como acompañamiento para curries.

INGREDIENTES

2 pepinos

sal

2 guindillas rojas,
o 15 ml de aceite a la guindilla (vea la receta básica)

1 cucharadita de ajo, majado

pimienta negra recién molida

vinagre de vino blanco

azúcar

PREPARACIÓN

≈ Pele los pepinos y córtelos en rodajas finas.
≈ Dispóngalas en una fuente y espolvoréelas con sal para que se absorba el exceso de humedad. Déjelo unas 2 horas.
≈ Lave el pepino para eliminar la sal y escúrralo.
≈ Trocee las guindillas y despepítelas.
≈ Mezcle las guindillas con el pepino y el ajo, y sazónelo con pimienta negra recién molida.
≈ Colóquelo todo en un tarro con tapa de rosca.
≈ Cúbralo con vinagre de vino blanco y suficiente azúcar para eliminar la acidez. Remuévalo bien y tápelo.

Puede tomarlo un día después, o incluso al cabo de un año.

PEPINO CON MENTA Y GUINDILLA

INGREDIENTES

1 *pepino, rallado, previamente salado y colocado en un tamiz para retirar el exceso de humedad*

1 *tomate carnoso grande, pelado (póngalo en agua hirviendo durante 10 segundos y sumérjalo después en agua fría para pelarlo)*

$1/2$ *cucharadita de ajo, picado*

1 *manojo de menta, picada*

1 *yogur natural pequeño*

1 *tarro pequeño de crema agria*

1 *cucharadita de comino*

2 *guindillas rojas, sin semillas y picadas*

sal y pimienta

PREPARACIÓN

≈ Elimine el exceso de humedad del pepino y escúrralo por completo.

≈ Trocee el tomate en dados pequeños y retire las semillas.

≈ Mezcle todos los ingredientes en un cuenco, sazónelo bien y refrigérelo.

ACEITUNAS GIGANTES COCIDAS

Para 5 tazas de aceitunas

INGREDIENTES

1 tarro de aceitunas de la reina, con un ligero corte transversal

1 cebolla, picada

2 cucharadas de ajo, majado

1 hoja de laurel

30 ml de aceite de oliva

30 ml de vinagre de vino tinto

PREPARACIÓN

≈ Coloque todos los ingredientes en un cazo. Cúbralos con agua y añada suficiente aceite para formar una capa que proteja a las aceitunas.

≈ Llévelas a ebullición y déjelas cocer, tapadas, hasta que estén tiernas, unas 4 ó 6 horas.

Se conservan hasta 2 semanas en el frigorífico.

TAPA DE JUDÍAS VERDES

INGREDIENTES

¹/₂ kg de judías verdes, sin hebras ni puntas

50 g de mantequilla

60 ml de aceite de oliva

¹/₂ cebolla mediana, en aros finos

sal y pimienta al gusto

250 ml de caldo de pollo (vea la receta básica)

1 cucharada de ajo, majado

PREPARACIÓN

≈ Ponga las judías en una cacerola con agua salada hirviendo y cuézalas de 6 a 8 minutos. Las judías deben quedar crujientes, pero no crudas. Escúrralas bien.

≈ Derrita la mantequilla en otra cacerola, añada el aceite de oliva y caliéntelo.

≈ Agregue la cebolla y déjela cocer suavemente unos 3 ó 4 minutos.

≈ Incorpore las judías, salpimiéntelo y remuévalo. Añada el caldo de pollo y el ajo.

≈ Tape la cacerola y deje cocer las judías hasta que estén tiernas, unos 10 minutos. Salpimiéntelas bien y sírvalas.

Los paisajes espectaculares, ya sean cultivados o aparentemente vírgenes y aún por descubrir, son tan característicos del sur de España como su impresionante arquitectura.

IZQUIERDA
Sevilla, en un momento de la quietud del mediodía

CENTRO
Ronda es una población encaramada a ambos lados de una garganta de más de 300 metros

DERECHA Y PÁGINA SIGUIENTE
Carmona, vista típica y parador (hotel restaurado y gestionado por el gobierno)

REFRITO DE JUDÍAS PINTAS

Exquisito acompañamiento para tapas de carne.

INGREDIENTES

450 g de judías pintas en lata
1 guindilla roja
1 cebolla mediana
2 cucharaditas de ajo, majado
1 cucharadita de pimentón
sal y pimienta negra
1 l de agua
6 lonchas de bacon de calidad, sin la corteza
50 g de mantequilla

PREPARACIÓN

≈ Ponga los 7 primeros ingredientes de la lista en una cacerola, llévelo a ebullición y déjelo cocer 40 minutos.
≈ Ponga un cuarto de la mezcla en un robot de cocina y tritúrelo. Mezcle las judías hechas puré con las enteras.
≈ Trocee el bacon.
≈ Ponga el bacon en agua hirviendo durante 10 minutos para eliminar la sal.
≈ Retírelo del agua y escúrralo.
≈ Caliente la mantequilla en una sartén y fría el bacon.
≈ Añada las judías, poco a poco, y cháfelas con el dorso de una cuchara. Salpimiéntelo abundantemente.

El resultado final debe ser un puré de judías bastante espeso. Salpimiéntelo, espolvoréelo con perejil y sírvalo. Cuantas más veces refría las judías, mejor sabor obtendrá.

CORAZONES DE ALCACHOFA
CON TOMATE Y LIMÓN

INGREDIENTES

6 alcachofas
1 cucharadita de harina
¹/₂ l de agua fría
sal
el zumo de 1 limón

PREPARACIÓN DE LAS ALCACHOFAS

≈ Recorte los tallos y retire las hojas inferiores.
≈ Con un cuchillo grande, corte las alcachofas, dejando sólo unos 2,5 cm de la parte inferior de las mismas.
≈ Sujete la alcachofa boca abajo y pélela cuidadosamente con un cuchillo de mondar pequeño. Retire todas las hojas y partes verdes y deje la base tan lisa como sea posible. En caso necesario, alísela con un pelador.
≈ Frótelas de inmediato con limón y déjelas en agua con unas gotas de zumo del mismo.
≈ Con una cucharilla o con el dedo pulgar, retire la pelusa del centro, que suele salir fácilmente. Si ofrece dificultad, posponga esta operación hasta que las alcachofas estén cocinadas; entonces será más sencillo aunque quizás algo engorroso.
≈ Es recomendable escaldar los fondos de alcachofa para que conserven el color.

PARA COCINAR LAS ALCACHOFAS

≈ Mezcle la harina con el agua y añada a continuación la sal y el zumo de limón.
≈ Cuele la mezcla por un tamiz sobre una cacerola y llévela a ebullición, removiendo constantemente.
≈ Agregue las alcachofas.
≈ Déjelas cocer suavemente hasta que estén tiernas, unos 20 minutos, y escúrralas.

INGREDIENTES PARA LA SALSA

75 g de mantequilla
1 cebolla pequeña, picada fina
1 cucharadita de ajo, majado
4 lonchas de bacon de calidad, troceado, o jamón ahumado
225 g de tomates de pera en lata o 2 tomates carnosos grandes, pelados, sin semillas y troceados
1 cucharada de perejil, picado
sal y pimienta
el zumo de 2 limones
los 6 fondos de alcachofa cocinados

PREPARACIÓN

≈ Funda la mantequilla en una cacerola y sofría suavemente la cebolla, el ajo y el bacon durante 5 minutos.
≈ Incorpore el tomate y el perejil, salpimiéntelo y llévelo a ebullición.
≈ Añada el zumo de limón.
≈ Agregue los fondos de alcachofa cortados en 5 ó 6 triángulos. Para ello, corte cada fondo por la mitad y cada mitad, en 2 ó 3 trozos.
≈ Déjelo cocer suavemente y sin dejar de remover. Si la mezcla queda demasiado agria, añádale una pizca de azúcar.

Sírvalo acompañado con pan y una ensalada de tomate.

CALABACINES RELLENOS

INGREDIENTES

6 calabacines pequeños

½ cebolla mediana, picada fina

15 ml de aceite de oliva

200 g de carne picada de cordero

3 lonchas de bacon de calidad, picadas

sal y pimienta negra recién molida

1 cucharadita de concentrado de tomate

½ cucharadita de azúcar

1 cucharadita de ajo, majado

15 ml de agua

1 tomate, pelado y troceado

½ yogur natural pequeño

12 hojas de menta, picadas

50 g de queso parmesano rallado

1 cucharada de perejil, picado

PREPARACIÓN

≈ Recorte los extremos de los calabacines y cuézalos en agua salada hirviendo durante 5 minutos. Córtelos longitudinalmente por la mitad y, con una cucharilla, retire las semillas del centro.

≈ Rehogue la cebolla en el aceite hasta que esté tierna.

≈ Añada la carne picada de cordero, el bacon, la sal y la pimienta, y remuévalo todo.

≈ Agregue el concentrado de tomate, el azúcar, el ajo y el agua.

≈ Déjelo cocer hasta que se haga la carne, durante unos 15 minutos.

≈ Incorpore el tomate, el yogur y las hojas de menta.

≈ Disponga cucharadas de esta mezcla en los calabacines vaciados, esparza el queso por encima y espolvoréelo con pimienta. Hornéelos a 200°C hasta que se funda el queso. Esparza perejil picado por encima y sírvalos.

CALABACINES CON ENELDO

INGREDIENTES

60 ml de aceite de oliva
25 g de mantequilla
1 cebolla, picada
1 cucharadita de ajo, majado
$\frac{1}{2}$ kg de calabacines, sin los extremos y cortados en rodajas gruesas
$\frac{1}{2}$ cucharadita de pimienta negra
2 cucharaditas de pimentón
1 cucharada de eneldo, picado (sin los tallos)
1 tarro pequeño de crema agria
sal al gusto

PREPARACIÓN

≈ Caliente el aceite y la mantequilla en una sartén grande. Rehogue suavemente la cebolla y el ajo hasta que estén tiernos y suba el fuego.

≈ Agregue los calabacines, el ajo y la pimienta negra y remuévalo todo.

≈ Sofríalo entre 5 y 10 minutos, dándole vueltas para que las rodajas de calabacín se hagan bien por las dos caras.

≈ Cuando empiece a dorarse, incorpore el pimentón, el eneldo y la crema agria. Salpiméntelo y sírvalo.

Si desea servir este plato de verdura como acompañamiento de un plato de carne, ralle los calabacines y añada 30 ml de nata espesa.

Hojas de col rellenas

*Para esta receta puede utilizar
hojas grandes de espinacas o de lechuga romana
en lugar de col.*

INGREDIENTES

1 *repollo grande*
1 *cucharadita de pimentón*
sal y pimienta
¹/₂ *cucharada de perejil, picado*
¹/₂ *kg de carne picada de cordero*
50 *g de mantequilla*
1 *cebolla, picada fina*
1 *cucharadita de ajo, majado*
1 *guindilla roja, sin semillas y picada*
1 *cucharadita de concentrado de tomate*
1 *vaso de zumo de tomate*
1 *cucharadita de salsa de soja*
250 *ml de caldo de pollo (vea la receta básica)*
100 *g de champiñones, picados finos*
75 *g de cacahuetes salados, picados*

PREPARACIÓN DE LA COL

≈ Retire las hojas exteriores de la col, separe con cuidado algunas hojas grandes enteras y corte la parte gruesa del tallo.
≈ Ponga las hojas en una cacerola con agua salada hirviendo hasta que estén tiernas y déjelas cocer 5 minutos.
≈ Retírelas y sumérjalas en agua fría.
≈ Una vez frías, extienda las hojas de col sobre un paño limpio y cúbralas suavemente con otro paño para secarlas. Dispóngalas con la cara interna hacia arriba.

PREPARACIÓN DEL RELLENO

≈ En un cuenco grande, mezcle bien el pimentón, la sal, la pimienta y el perejil con la carne picada de cordero.
≈ Funda la mantequilla en una cacerola y rehogue suavemente la cebolla hasta que esté tierna.
≈ Añada la carne de cordero, el ajo, la guindilla y el concentrado de tomate.
≈ Agregue el zumo de tomate, la salsa de soja y el caldo y remuévalo todo. A continuación, incorpore los champiñones y los cacahuetes.
≈ Déjelo cocer durante 30 minutos, removiendo de vez en cuando. Retírelo del fuego y déjelo enfriar. Rectifique de sal y pimienta. Si la mezcla está aún algo blanda, añada un poco de harina.
≈ Cuando se haya enfriado, disponga cucharadas de la mezcla en el centro de las hojas de col, pliegue los bordes para envolverla y coloque los paquetitos, con los pliegues hacia abajo, en una fuente de horno engrasada.

NOTA: Si las hojas de col son un poco desiguales o pequeñas, utilice dos para envolver el relleno.

≈ Cuando todos los paquetitos de col estén en la fuente de horno, rocíelos con caldo de pollo hasta cubrirlos por la mitad. Cubra la fuente con papel de aluminio y realice en éste algunos orificios con un tenedor para que pueda salir el vapor. Horneélos durante 20 minutos a 200°C.
≈ Retírelos cuidadosamente con un cucharón y rocíelos con un poco del caldo resultante de la cocción.

TRES PIMIENTOS CON TOMATE Y AJO

Esta tapa, ideal para el verano, puede tomarse caliente o fría.
Sabe mucho mejor un día después de su preparación.

INGREDIENTES

150 ml de aceite de oliva
2 pimientos amarillos, sin semillas y en tiras finas
2 pimientos rojos, sin semillas y en tiras finas
2 pimientos verdes, sin semillas y en tiras finas
1 cucharada de perejil, picado
2 cucharaditas de ajo, majado
225 g de tomates frescos o en conserva
sal y pimienta

PREPARACIÓN

≈ Caliente el aceite en una sartén grande y sofría el pimiento suavemente unos 2 ó 3 minutos, removiéndolo con frecuencia. Añada el perejil y el ajo y prosiga la cocción otro par de minutos.
≈ Incorpore los tomates troceados y su jugo, remuévalo todo y salpiméntelo.
≈ Tape la sartén y déjelo cocer suavemente unos 20 minutos, hasta que el pimiento esté tierno.
≈ La salsa debe resultar bastante espesa; si fuera necesario, retire el pimiento y llévela rápidamente a ebullición para reducir el líquido. Rectifique de sal y pimienta.

NOTA: Si la comida picante es de su agrado, use aceite a la guindilla en lugar de aceite de oliva (vea la receta básica).

PIMIENTOS VERDES RELLENOS CON CARNE PICANTE

INGREDIENTES

1 *cebolla, picada fina*
60 *ml de aceite (o 50 g de mantequilla)*
3 *pimientos verdes grandes, o 6 pequeños*
¹/₂ *kg de carne picada de ternera o de cerdo*
2 *cucharaditas de ajo, majado*
6 *guindillas rojas, picadas finas*
¹/₂ *cucharadita de orégano*
1 *hoja de laurel*
¹/₂ *l de agua*
sal y pimienta
2 *cucharaditas de concentrado de tomate*
1 *cucharadita de albahaca, picada*
2 *tomates carnosos grandes, pelados y troceados*
225 *g de judías pintas en lata*
100 *g de queso manchego rallado*

PREPARACIÓN DEL RELLENO

≈ Rehogue la cebolla en el aceite o mantequilla.
≈ Añada la carne picada, el ajo, las guindillas, el orégano, la hoja de laurel, el agua, la sal, la pimienta, el concentrado de tomate y la albahaca y cuézalo todo, sin dejar de remover, hasta que llegue a ebullición.
≈ Baje el fuego y déjelo cocer durante 45 minutos, removiendo de vez en cuando.
≈ Incorpore las judías y el tomate, salpimiéntelo al gusto y llévelo a ebullición. Retírelo del fuego.

PREPARACIÓN DE LOS PIMIENTOS

≈ Retire los tallos de los pimientos, sumérjalos en agua salada hirviendo y déjelos cocer 5 minutos.
≈ Enfríelos de inmediato en agua fría y escúrralos.
≈ Si los pimientos son grandes, córtelos por la mitad longitudinalmente y despepítelos.
Rellénelos con la mezcla de carne.
≈ Esparza el queso por encima y hornéelos a 200°C hasta que se funda el queso.
≈ Si los pimientos son pequeños, corte los casquetes superiores y resérvelos.
≈ Retire con cuidado las semillas y el corazón.
≈ Recorte las bases de manera que los pimientos se mantengan de pie, pero sin llegar a agujerearlos.
≈ Rellénelos y esparza el queso por encima.
≈ Dispóngalos en una bandeja de horno y coloque cerca los casquetes superiores para que se calienten.Cuando se funda el queso, ponga los casquetes en su sitio y sírvalos.

PIMIENTOS VERDES RELLENOS
CON MERLUZA Y QUESO

INGREDIENTES

3 pimientos verdes grandes, o 6 pequeños
½ kg de merluza
sal y pimienta
1 l de leche
100 g de mantequilla
100 g de harina
1 pizca de nuez moscada
200 g de queso manchego rallado

PREPARACIÓN DE LOS PIMIENTOS

≈ Ponga los pimientos en una cacerola con agua salada hirviendo. Tápela y déjelos cocer durante 5 minutos o hasta que estén tiernos.

≈ Escúrralos y déjelos enfriar. Retire las semillas y las membranas. Si se trata de pimientos pequeños, reserve el casquete superior y recorte la base de manera que se mantengan de pie. Si son pimientos grandes, córtelos por la mitad longitudinalmente.

PREPARACIÓN DEL RELLENO

≈ Retire la piel y las espinas del pescado, colóquelo en una fuente para horno, salpimiéntelo y vierta la leche por encima. Hornéelo a 220°C hasta que se desmenuce fácilmente.

≈ Escúrralo para retirar el exceso de leche y resérvela. Deje el pescado aparte.

≈ Funda la mantequilla en una cacerola. Añada la harina y remueva a menudo hasta que adquiera una textura arenosa.

≈ Incorpore poco a poco la leche que había reservado, batiendo con una cuchara de madera hasta obtener una pasta.

≈ Cuando haya incorporado toda la leche, remueva la mezcla y déjela cocer durante 15 minutos para que se cueza bien la harina.

≈ Agregue la nuez moscada y el queso y déjelo cocer hasta que se funda.

≈ Añada el pescado.

≈ Salpimiéntelo, retírelo del fuego y rellene los pimientos.

≈ Dispóngalos en una placa de horno y hornéelos a 230°C durante 10 minutos.

67

BERENJENA CON
SALSA DE QUESO Y GAMBAS

INGREDIENTES

1 *berenjena grande*
sal
50 g de harina
aceite de oliva
250 ml de salsa de queso espesa (vea la siguiente columna)

PREPARACIÓN

≈ Para preparar la berenjena, es preciso desamargarla: córtela en rodajas finas, dispóngalas en una fuente amplia y espolvoréelas con sal. Déjelas reposar durante 20 minutos para eliminar el exceso de humedad y, a continuación, séquelas con un paño de cocina o una servilleta de papel.

≈ Pase las rodajas de berenjena por harina y sacuda el exceso.

≈ En una sartén grande, caliente abundante aceite de oliva; la base debe quedar bien cubierta.

≈ Fría las rodajas de berenjena en el aceite hasta que se doren por ambas caras.

≈ Retírelas y escúrralas sobre papel absorbente o encerado. Dispóngalas con cuidado en una fuente y resérvelas.

PARA LA SALSA DE QUESO Y GAMBAS

Esta salsa deber resultar bastante espesa.

INGREDIENTES

50 g de mantequilla
50 g de harina
250 ml de leche tibia
½ cebolla pequeña
1 hoja de laurel
1 pizca de nuez moscada
75 g de queso manchego o parmesano rallado
15 ml de nata
1 yema de huevo
150 g de gambas
sal y pimienta

PREPARACIÓN

≈ Funda la mantequilla en una cacerola.

≈ Añada la harina y caliéntela hasta obtener una pasta.

≈ Incorpore de forma gradual la leche tibia, sin dejar de remover hasta que la mezcla quede fina.

≈ Agregue la cebolla, la hoja de laurel y la nuez moscada y rehóguelo todo suavemente durante 20 minutos a fin de que la harina quede bien cocida.

≈ Tamice la mezcla.

≈ Incorpore el queso y la nata.

≈ Retírelo del fuego, añada la yema de huevo y bátalo todo. Salpimiéntelo.

≈ Incorpore las gambas a la mezcla.

≈ Coloque las rodajas de berenjena en una bandeja de horno.

≈ Disponga cucharadas de la salsa de queso y gambas por encima.

≈ Espolvoréelas con el queso parmesano rallado y hornéelas a 200°C hasta que se doren. Sírvalas en platos pequeños.

Huevos y queso

· · · · · · · · · · · · · · ·

QUESO DE CABRA MARINADO CON AJO Y ESTRAGÓN

*Intente conseguir un buen queso manchego de cabra,
el cual se caracteriza por su textura consistente y su suave
sabor a leche. No le quite la corteza, córtelo en tacos
uniformes y déjelo marinar.*

PREPARACIÓN

≈ Cubra el queso con aceite de oliva y:
15 ml de vinagre de vino blanco por litro de aceite
1 manojo de estragón, con los tallos machacados
1 cabeza de ajo por litro de aceite
granos de pimienta negra
≈ Déjelo marinar durante 4 días como mínimo en un tarro de
vidrio o de porcelana.

Manchego picante

*Esta es una tapa picante que puede acompañar con
pan, gajos de lima y una cerveza bien fría.*

INGREDIENTES

6 *guindillas rojas, sin semillas y picadas*

250 *ml de aceite de oliva*

sal y pimienta

400 *g de queso manchego*

PREPARACIÓN

≈ Triture las guindillas junto con el aceite de oliva, un buen pellizco de sal y otro de pimienta.
≈ Corte el queso en dados pequeños.
≈ Vierta el aceite sobre el queso y déjelo marinar durante 2 horas como mínimo.

Tortilla Española

RECETA BÁSICA PARA 1 TORTILLA

INGREDIENTES

3 patatas (o una parte de patata y otra de cebolla)
3 cucharadas de aceite de oliva
1 cebolla, picada fina o en rodajas
sal
3 huevos

PREPARACIÓN

NOTA: Al freír la tortilla, si ésta parece demasiado seca, añada más aceite.

≈ Lave las patatas, pélelas y córtelas en rodajas bien finas.
≈ Vierta el aceite en una sartén y caliéntelo.
≈ Añada las patatas y la cebolla con cuidado, ya que el aceite podría saltar. Fríalas, agitando la sartén y removiendo de vez en cuando para que no se peguen. Sálelas ligeramente.
≈ Baje un poco el fuego y rehogue las patatas y la cebolla, removiendo de vez en cuando, hasta que se doren.
≈ En un cuenco, bata los huevos y sálelos bien.

≈ Incorpore las patatas y la cebolla al huevo batido y mézclelo todo bien.
≈ Coloque de nuevo la sartén al fuego con un poco de aceite y, cuando esté caliente, vierta en ella la mezcla. Déjela cocer unos 2 minutos hasta que cuaje.
≈ Para dar la vuelta a la tortilla, coloque un plato grande o una tapadera sobre la sartén y gírela con un movimiento rápido. Coloque de nuevo la tortilla en la sartén para que cuaje por el otro lado.
Puede añadir infinidad de ingredientes a la receta básica de tortilla, por ejemplo, pimiento verde (en rodajas finas junto con la cebolla), champiñones, jamón cocido, queso, chorizo y un largo etcétera.

CROQUETAS DE ARROZ

Un original aperitivo.

INGREDIENTES

400 g de arroz de grano corto

1 cebolla mediana, picada gruesa

1 hoja de laurel

1 cucharadita de ajo, majado

1 cucharadita de caldo de pollo concentrado
(o 1 pastilla de caldo)

15 ml de aceite de oliva

2 cucharaditas de cúrcuma

agua, 3 veces la cantidad de arroz
(lo ideal sería usar caldo de pollo casero;
vea la receta básica)

250 g de chorizo y jamón ahumado, mezclado, preferiblemente
en partes iguales (en esta receta puede usar
cualquier embutido o salchichón picante)

harina sazonada

huevos, batidos con un poco de leche

pan rallado

PREPARACIÓN

≈ Coloque el arroz en una cacerola, añada la cebolla, la hoja de laurel, el ajo, el caldo, el aceite de oliva y la cúrcuma. Agregue el agua caliente.

≈ Póngalo al fuego y llévelo a ebullición. Déjelo cocer, removiendo de vez en cuando, hasta que el arroz esté tierno y se haya reducido el agua.

≈ Retírelo del fuego y déjelo enfriar.

≈ Pique la carne en una picadora o en un robot de cocina.

≈ Incorpore la carne al arroz ya frío y mézclelo todo bien. La mezcla debe quedar ligeramente húmeda pero maleable. Si le ha quedado demasiado húmeda, añada un poco de harina o pan rallado.

≈ Forme bolitas con la mezcla. Las croquetas deben contener la misma proporción de carne que de arroz.

≈ Pase las croquetas por la harina hasta que queden ligeramente cubiertas.

≈ Páselas después por el huevo batido y rebócelas con el pan rallado. En este punto, puede guardar las croquetas en el frigorífico hasta el día siguiente.

≈ Fríalas en abundante aceite caliente, a 185°C, hasta que queden doradas y crujientes por fuera.

TORRIJAS SALADAS CON AJO

INGREDIENTES

3 *huevos, batidos*

algunas gotas de agua caliente

2 *cucharaditas de ajo, majado*

sal y pimienta

6 *rebanadas de pan*

45 *ml de aceite de oliva*

PREPARACIÓN

≈ En un cuenco, bata los huevos junto con unas gotas de agua caliente.
≈ Añada al huevo el ajo majado, salpimiéntelo y mézclelo bien.
≈ Ponga una sartén al fuego y caliente en ella el aceite.
≈ Pase el pan por la mezcla de huevo de manera que quede bien cubierto por ambos lados.
≈ Fríalo hasta que se dore por ambas caras.

En esta receta es preciso que el aceite esté bien caliente para que el huevo cuaje de inmediato (vigile que el fondo de la sartén no presente un aspecto ondulado). También es necesario dar la vuelta al pan rápidamente para evitar que se queme el ajo.

Pollo y codorniz

· ·

POLLO AL AJILLO

Al preparar este plato rápido
debe procurarse no cocinar en exceso los trozos de pollo.

INGREDIENTES

1 kg de alas de pollo, o 3 pechugas

harina sazonada suficiente para cubrir los trozos de pollo

60 ml de aceite de oliva

25 g de mantequilla

¹/₂ vaso de vino blanco

3 cucharaditas de ajo, majado

1 cucharada de perejil, picado

250 ml de caldo de pollo (vea la receta básica)

20 ml de jerez

20 ml de brandy

sal y pimienta

PREPARACIÓN

≈ Corte el pollo en trozos pequeños y páselos por la harina sazonada.

≈ Caliente el aceite y la mantequilla en una cacerola.

≈ Ponga los trozos de pollo en la cacerola, removiendo rápidamente para que la harina quede bien adherida por todos los lados.

≈ Añada el vino, el ajo y el perejil.

≈ Reduzca el vino a la mitad e incorpore el caldo de pollo. Remuévalo.

≈ Es posible que los trozos de pollo más pequeños ya estén hechos en este momento; en ese caso, retírelos y resérvelos.

≈ Añada el jerez y el brandy.

≈ Salpimiente el pollo y sírvalo.

POLLO REBOZADO
CON MIEL Y MOSTAZA

INGREDIENTES

3 *pechugas de pollo, en dados de 2,5 cm*
sal y pimienta
2 *huevos*
harina, para rebozar
60 *ml de aceite de oliva*
120 *ml de miel líquida*
5 *ml de mostaza francesa*
5 *ml de salsa de soja*

PREPARACIÓN

≈ Ponga los trozos de pollo en un cuenco y salpimiéntelos.

≈ Rompa los huevos sobre el pollo y mézclelo bien con las manos.

≈ Añada harina suficiente para que los trozos de pollo queden cubiertos por un grueso rebozado. La mezcla de huevo y harina debe tener la consistencia justa para que no gotee.

≈ Caliente el aceite en una sartén y fría el pollo hasta que se dore, dándole vueltas con frecuencia, durante unos 15 minutos.

≈ Retírelo del fuego y salpimiéntelo.

≈ Mezcle la miel con la mostaza y la salsa de soja.

≈ Vierta la salsa resultante sobre el pollo y sírvalo de inmediato.

PECHUGAS DE POLLO RELLENAS

*Pueden servirse calientes
o frías, en lonchas.*

INGREDIENTES

3 pechugas de pollo grandes, aún con los huesos de las alas
100 g de uvas verdes sin semillas
50 g de almendras molidas
200 g de requesón, a temperatura ambiente
1 huevo, batido
sal y pimienta negra recién molida
*250 ml de caldo de pollo (vea la receta básica),
o fondo de cocción (vea la columna siguiente)*

PREPARACIÓN

≈ Prepare el relleno:
Pele las uvas. Para ello, escáldelas en agua hirviendo durante 10 segundos y sumérjalas inmediatamente en agua fría; la piel se desprenderá con gran facilidad.
Trocee las uvas y mézclelas bien con las almendras, el requesón y el huevo batido.
Refrigere la mezcla durante 30 minutos.

INGREDIENTES PARA EL FONDO DE COCCIÓN

25 g de mantequilla
¹/₄ cebolla mediana
250 ml de caldo de pollo (vea la receta básica)
1 hoja de laurel
1 vaso de vino blanco
6 granos de pimienta

PREPARACIÓN DEL FONDO DE COCCIÓN

≈ Derrita la mantequilla en una bandeja para horno pequeña, añada la cebolla y los demás ingredientes y llévelo a ebullición.
≈ Prepare las pechugas de pollo:
Retire la tira fina de carne del dorso de la pechuga.
Sujete el hueso del ala con la mano izquierda y, con un cuchillo pequeño y afilado, practique 2 incisiones longitudinales, deslizando la hoja del cuchillo hacia el extremo opuesto, pero sin llegar a atravesar la carne.
Aplane ligeramente los filetes.
Rellene las pechugas, abundantemente pero sin excederse. Coloque la tira fina de carne que había retirado sobre el relleno para sellarlo y ciérrelo a modo de sobre colocando las solapas recortadas de la pechuga por encima.

NOTA: Si al practicar la incisión en las pechugas agujerea la carne, pinte esa zona con clara de huevo antes de cocinar el pollo, pues de lo contrario el relleno se saldría.

≈ Salpimiente el pollo y cuézalo suavemente en caldo de pollo o fondo de cocción en el horno a 220°C durante unos 20 minutos, o hasta que resulte firme al tacto.

Si desea servirlo caliente, déjelo reposar un par de minutos y córtelo en lonchas con un cuchillo afilado. Cuele el líquido y colóquelo de nuevo al fuego para reducirlo. Cubra el pollo con el líquido.

Si desea servirlo frío, retírelo del fondo de cocción y déjelo enfriar. Refrigérelo durante unas 2 horas y córtelo en lonchas con un cuchillo afilado.

Estas piezas de pollo resultan deliciosas acompañadas con tostadas con ajo:
≈ Tome 6 rebanadas gruesas de pan y forme círculos con un cortapastas redondo y grande.
≈ Unte una placa de horno con aceite de oliva.
≈ Prepare un poco de mantequilla de ajo (vea la receta de Pan con ajo).
≈ Unte los círculos de pan con mantequilla de ajo y tuéstelos en un horno precalentado a 230°C durante 10 minutos hasta que los bordes estén crujientes.

Coloque una loncha de pollo sobre cada tostada y dispóngalas en una fuente grande.

EMPANADA DE POLLO

*Para preparar empanadas individuales,
recorte la masa en círculos de 15 cm de diámetro.
Coloque relleno sobre la mitad de los círculos
y cúbralos con la otra mitad,
sellándolos bien.*

INGREDIENTES

450 g de pasta levada
(como en la receta de Empanada de calamar)

50 g de mantequilla

INGREDIENTES PARA EL RELLENO

60 ml de aceite de oliva

1 cebolla, picada

200 g de bacon entreverado, troceado

3 cucharaditas de ajo, majado

1 pimiento verde, sin semillas y en rodajas

2 guindillas, sin semillas y picadas

1 cucharadita de pimentón

150 g de champiñones pequeños, en láminas

75 g de uvas pasas (opcional)

2 cucharaditas de perejil, picado

2 cucharaditas de salsa de soja

1 vaso de vino blanco seco

250 ml de caldo de pollo
(vea la receta básica)

25 g de mantequilla

1 kg de carne de pollo, sin huesos y en dados

PREPARACIÓN

≈ Caliente el aceite y sofría en él la cebolla y el bacon.
≈ Añada el ajo, el pimiento verde, las guindillas, el pimentón, los champiñones y las uvas pasas, si desea utilizarlas.
Remuévalo e incorpore el perejil y la salsa de soja.
≈ Incorpore el vino y el caldo, remuévalo y déjelo cocer
unos 20 minutos.
≈ En otra cacerola, derrita la mantequilla y añada los trozos
de pollo. Remuévalos hasta que se doren uniformemente e
incorpore entonces las verduras. Remuévalo todo y déjelo
cocer 5 minutos más.
≈ Para rellenar y cocinar la empanada, siga las instrucciones de la receta de Empanada de calamar.

POLLO Y BACON CON
MEJILLONES

INGREDIENTES

60 ml de aceite de oliva

1 cebolla, picada

6 lonchas de bacon de calidad, cortado en tiras

3 pechugas de pollo, en dados y pasadas por harina sazonada

400 g de champiñones, en láminas finas

2 cucharaditas de ajo, majado

sal y pimienta negra recién molida

1 vaso de vino blanco seco

$^1/_2$ l de caldo de pollo o de pescado (vea las recetas básicas)

1 kg de mejillones, limpios y sin barbas

2 cucharaditas de perejil, picado

PREPARACIÓN

≈ Caliente el aceite en una cacerola y sofría la cebolla.
≈ Suba el fuego, incorpore el bacon y remueva.
≈ Añada los trozos de pollo y remueva de nuevo para que
se hagan uniformemente.
≈ Ponga en otra cacerola el vino, los champiñones y el ajo,
redúzcalo todo a la mitad e incorpórelo al pollo.
≈ Añada el caldo y llévelo a ebullición.
≈ Agregue los mejillones. Tape la cacerola y agítela.
≈ Manténgala al fuego hasta que se abran los mejillones.
Salpiméntelo abundantemente y sírvalo en cuencos calien-
tes decorado con perejil.

HÍGADOS DE POLLO CON VINAGRE DE JEREZ

INGREDIENTES

1 *cucharadita de pimentón*
1 *cucharadita de ajo*
¹/₂ *cucharadita de sal*
¹/₂ *cucharadita de pimienta negra*
¹/₂ *kg de hígados de pollo, limpios* *(sin cartílagos ni la vejiga verde de la bilis) y lavados*
50 *g de mantequilla, derretida*
¹/₂ *cebolla, picada fina*
60 *ml de vinagre de jerez*
1 *cucharadita de azúcar*
250 *ml de caldo de pollo (vea la receta básica)*
50 *g de mantequilla sin sal*

PREPARACIÓN

≈ Mezcle el pimentón, el ajo, la sal y la pimienta en un cuenco. Pase los hígados por la mezcla, de manera que queden bien cubiertos.

≈ Caliente una sartén grande, añada la mantequilla derretida y caliéntela.

≈ Fría los hígados a fuego fuerte, dándoles la vuelta continuamente hasta que se doren bien.

≈ Pase los hígados a un cuenco caliente.

≈ Añada la cebolla a la sartén y rehóguela a fuego lento hasta que esté tierna.

≈ Suba el fuego de nuevo, agregue el vinagre y el azúcar y siga cociendo hasta que el vinagre se haya reducido casi por completo.

≈ Añada el caldo y remueva hasta reducirlo a la mitad.

≈ Trocee los 50 g de mantequilla sin sal, póngalos en la cacerola y agite de vez en cuando hasta que la mantequilla haya sido absorbida.

≈ Rectifique de sal y pimienta y vierta la mezcla sobre los hígados, en un cuenco grande o en diversos más pequeños como raciones individuales.

CODORNICES RELLENAS

INGREDIENTES

6 codornices

INGREDIENTES PARA EL RELLENO

1 pechuga de pollo

1 clara de huevo

sal y pimienta

125 ml de nata espesa

50 g de uvas pasas

50 g de almendras enteras, peladas y picadas gruesas

1 pizca de nuez moscada

INGREDIENTES PARA EL CALDO DE COCCIÓN

³/₄ l de caldo

2 tallos de perejil

1 hoja de laurel

1 golpe de oporto

50 g de mantequilla sin sal

PREPARACIÓN

≈ Deshuese las codornices con un cuchillo pequeño y muy afilado. Es posible que en la carnicería se las deshuesen, de lo contrario haga lo siguiente:

Coloque la codorniz sobre su pechuga y corte a lo largo de la columna vertebral, empezando por la parte del cuello.

Use la hoja del cuchillo para guiarse por debajo de la piel y alrededor del esqueleto del ave hasta alcanzar el esternón. Debido al tamaño de la codorniz, es difícil dar instrucciones teóricas para guiarle alrededor del esqueleto. Lo más importante que hay que tener presente es que no se debe atravesar la piel. Si fuese necesario, rompa los huesos de la zona del ala y retire los huesos a trozos.

Una vez haya deshuesado una y tenga una codorniz entera, con los huesos de las extremidades, delante suyo sobre la mesa, todo quedará más claro.

Reserve los huesos para hacer caldo.

≈ Salpimiente la carne de codorniz y refrigérela mientras prepara el relleno.

PREPARACIÓN DEL RELLENO

≈ Recorte los nervios y la grasa de la pechuga de pollo.
≈ Trocéela y pique la carne junto con la clara de huevo en un robot de cocina.

NOTA: Todos los ingredientes que se usen a partir de ahora deben estar bien fríos y deben mezclarse sobre hielo.

≈ Salpimiente la mezcla.
≈ Sobre un cuenco de hielo, incorpore de forma gradual la nata espesa y vaya mezclando con una cuchara de madera.
≈ Agregue las pasas, la nuez moscada y las almendras.
≈ Salpimiéntelo bien, pues la nata y la clara de huevo hacen que la mezcla se vuelva muy insípida al cocinarla.
≈ Extienda las codornices deshuesadas.
≈ Divida el relleno en seis partes y disponga una en el centro de cada codorniz, formando un cilindro regular.
≈ Doble con esmero la carne sobre el relleno de modo que quede bien cerrado. La codorniz debería tener la forma de una salchicha gruesa, y no la de una pera o un tubo de pasta de dientes.
≈ Tome una aguja y una hebra de hilo (de un color que sea perceptible cuando la codorniz esté hecha) y, con media docena de puntadas, cierre la codorniz.

(NOTA: La experiencia nos demuestra que el hilo dental de colores es idóneo.)

≈ Para cocinar la codorniz:
Caliente 50 g de mantequilla en una cacerola.
Saltee las codornices en la mantequilla caliente y páselas a una fuente para horno.
Añada el caldo de cocción, llévelo a ebullición y salpimién-telo. Cuézalo todo en un horno precalentado a 230°C durante 30 minutos o hasta que resulte firme al tacto.
≈ Retire las codornices del caldo y reduzca éste a la mitad. Incorpore pequeños trozos de mantequilla sin sal, poco a poco. Agregue el oporto y salpimiéntelo. Sáquelo del horno.
≈ Una vez fuera del horno, deje reposar las codornices un par de minutos. Retire el hilo, tarea que no debería resultar complicada si lo cosió de forma sencilla. Con un cuchillo afilado, corte la codorniz en 3 ó 4 lonchas, dispóngalas en una bandeja y vierta la salsa por encima.

Este plato puede servirse frío sin salsa.

Carnes

Jamón Serrano

El jamón serrano es el jamón curado tradicional de España. Suele servirse en tacos o en lonchas finas y resulta delicioso con melón.

INGREDIENTES

300 g de jamón serrano, u otro jamón curado, en lonchas finas enrolladas

2¹/₂ tazas de aceitunas rellenas

2 limones, en gajos

PREPARACIÓN

≈ Ensarte alternativamente lonchas de jamón enrolladas y aceitunas en palillos de cóctel. Sirva estos pinchos en un plato decorado con gajos de limón.

PAN CON AJO, TOMATE Y JAMÓN SERRANO

INGREDIENTES

6 rebanadas de pan con ajo (vea la receta correspondiente)

2 tomates carnosos grandes, en rodajas y rociados con vinagreta mediterránea (vea la receta básica)

200 g de jamón serrano, u otro jamón curado, en lonchas finas

1 cebolla roja, en rodajas finas

100 g de aceitunas rellenas, troceadas

PREPARACIÓN

≈ Prepare el pan con ajo y tuéstelo en un horno caliente hasta que los bordes estén crujientes.
≈ Disponga sobre cada tostada una rodaja de tomate, una loncha de jamón, rodajas de cebolla y trozos de aceitunas.

Morcilla con sofrito de tomate y ajo

INGREDIENTES

30 ml de aceite de oliva
2 morcillas, en rodajas finas
50 g de mantequilla
1 cebolla, picada
225 g de tomates de pera en lata, troceados
2 cucharaditas de ajo, majado
1 cucharada de perejil, picado
sal y pimienta negra

PREPARACIÓN

≈ Caliente el aceite en una sartén grande.

≈ Fría rápidamente la morcilla, dándole vueltas para evitar que se queme.

≈ Cuando las rodajas de morcilla estén cocidas por ambas caras, páselas a una fuente y manténgalas calientes en el horno.

≈ Derrita la mantequilla en la sartén.

≈ Añada la cebolla picada y rehóguela suavemente, durante unos 5 minutos.

≈ Agregue los tomates, el ajo, el perejil, la sal y la pimienta.

≈ Sofríalo 5 minutos y salpimiéntelo.

Vierta el sofrito sobre la morcilla y sírvalo decorado con perejil.

ALBÓNDIGAS CON AJO Y TOMATE

Pueden prepararse con antelación y recalentarse antes de servir.

INGREDIENTES

1 kg de carne picada de cordero
50 g de pan rallado
sal y pimienta negra
2 cucharaditas de ajo, majado
½ cucharadita de nuez moscada
2 huevos
50 g de harina sazonada
60 ml de aceite de oliva
1 cebolla grande, picada
1 pimiento verde, en tiras
225 g de tomates de pera en lata, troceados, o 2 tomates carnosos grandes, pelados y troceados
1 cucharada de concentrado de tomate
1 vaso de vino tinto seco
375 ml de caldo de pollo (vea la receta básica)
1 cucharada de perejil, picado

PREPARACIÓN

≈ En un cuenco grande, mezcle la carne picada con el pan rallado y salpimiéntelo bien. Añada 1 cucharadita de ajo majado, la nuez moscada y los huevos.

≈ Forme albóndigas pequeñas y páselas por la harina.

≈ Caliente el aceite en una cacerola grande y sofría la cebolla y el pimiento verde hasta que estén tiernos.

≈ Añada las albóndigas y fríalas, removiendo bien, hasta que se doren uniformemente.

≈ Agregue el ajo restante, los tomates, el concentrado de tomate, el vino y el caldo. Tápelo y déjelo cocer 40 minutos.

≈ Salpimiéntelo, añada el perejil y sírvalo. Si la salsa resulta demasiado fuerte, agregue una pizca de azúcar.

COSTILLAS DE CORDERO MARINADAS

Una receta sencilla y popular.

INGREDIENTES

6 costillas de cordero; recorte el exceso de grasa

INGREDIENTES PARA LA MARINADA

2 cucharaditas de pimentón

1 cucharadita de comino

1 cucharadita de cúrcuma

1 guindilla roja picada

$^1/_2$ manojo de menta picada

60 ml de aceite de oliva

PREPARACIÓN DE LA MARINADA

≈ Mezcle todos los ingredientes para la marinada y unte generosamente las costillas con la mezcla.
≈ Déjelas en el frigorífico al menos 1 hora.
≈ Puede asarlas en la parrilla o en el horno, durante 10 minutos o hasta que estén tiernas.

Aunque estas costillas no necesitan en realidad ninguna salsa, pueden acompañarse con una crema de nata y orejones elaborada con:
200 g de nata
50 g de orejones, triturados en un robot de cocina
pimienta negra recién molida

CORDERO CON SALSA DE ALBARICOQUE

INGREDIENTES

$^3/_4$ kg de lomo de cordero, en dados de 2,5 cm y sazonado

PREPARACIÓN

≈ Puede ensartar los trozos de cordero en brochetas y asarlos a la parrilla, o bien freírlos en una sartén con mantequilla fundida o aceite caliente hasta que estén tiernos, unos 5 minutos.

INGREDIENTES PARA LA SALSA

60 ml de aceite vegetal

50 g de mantequilla

1 cucharadita de ajo, majado

150 g de albaricoques en conserva, triturados

75 g de manteca de cacahuete

zumo de limón al gusto, aproximadamente el 1 limón

sal y pimienta negra

PREPARACIÓN DE LA SALSA

≈ Funda la mantequilla junto con el aceite y añada el ajo.
≈ Incorpore los albaricoques triturados y la manteca de cacahuete.
≈ No deje que la manteca de cacahuete se caliente demasiado. Retire la mezcla del cazo cuando la manteca se haya medio disuelto.
≈ Agregue el zumo de limón y salpimiente al gusto.
≈ Vierta la salsa sobre el cordero.

RIÑONES EN SALSA DE JEREZ

INGREDIENTES

³/₄ kg de riñones de cordero o de ternera

180 ml de aceite de oliva

2 cucharaditas de ajo, majado

1 cucharadita de pimentón

2 cebollas, picadas

1 vaso de jerez

250 ml de caldo de pollo (vea la receta básica)

sal y pimienta

4 cucharaditas de perejil, picado

3 rebanadas de pan

PREPARACIÓN

≈ Limpie los riñones, retire la grasa y las partes duras. Córtelos en láminas finas con un cuchillo afilado.

≈ Lleve a ebullición un cazo con agua y sumerja los riñones para eliminar su sabor amargo.

≈ Caliente el aceite y fría la mitad de los riñones, junto con 1 cucharadita de ajo y media cucharadita de pimentón.

≈ Fríalos rápidamente, removiendo a fin de evitar que se queme el ajo.

≈ Una vez fritos, tritúrelos en un robot de cocina y resérvelos.

≈ En la misma sartén, rehogue las cebollas hasta que estén tiernas.

≈ Coloque los riñones restantes en la sartén, junto con la otra cucharadita de ajo y la otra media cucharadita de pimentón, el jerez y el caldo. Llévelo a ebullición.

≈ Baje el fuego, añada el puré de riñones, remuévalo todo y déjelo cocer hasta que los riñones estén tiernos, unos 5 minutos aproximadamente. Salpiméntelo y sírvalo decorado con perejil picado y acompañado con pan.

MOLLEJAS DE TERNERA AL AJILLO

INGREDIENTES

1 *kg de mollejas de ternera*
60 *ml de aceite de oliva*
50 *g de mantequilla*
sal y pimienta
2 *cucharaditas de ajo, majado*
1 *cucharada de cilantro o perejil, picado*

PREPARACIÓN

≈ Prepare las mollejas: lávelas, escáldelas en agua hirviendo durante un par de minutos, enfríelas bajo el grifo y retire la grasa o cartílagos.

≈ Retire la piel membranosa y divida las mollejas en trozos pequeños.

≈ Caliente la mantequilla y el aceite en una sartén.

≈ Coloque las mollejas en la sartén, salpiméntelas y fríalas durante 5 minutos, sin dejar de remover.

≈ Añada el ajo y remueva. Déjelo cocer unos 2 minutos más.

≈ Agregue el cilantro o perejil picado.

≈ Sírvalo en un cuenco caliente.

SOLOMILLO DE CERDO EN SALSA DE NARANJA

INGREDIENTES

50 g de mantequilla o aceite de oliva

1 cebolla pequeña, en rodajas finas

³/₄ kg de solomillo de cerdo, en dados de 2,5 cm

la ralladura de 2 naranjas

el zumo de 3 naranjas

375 ml de caldo de pollo (vea la receta básica)

2 guindillas verdes, picadas, o 2 cucharaditas de pasta de guindillas

1 cucharadita de ajo, majado

1 cucharada de cilantro o perejil, picado

2 cucharaditas de fécula de maíz

15 ml de agua fría

sal y pimienta negra

PREPARACIÓN

≈ Caliente la mantequilla o el aceite en una sartén grande.

≈ Saltee la cebolla hasta que quede tierna y dorada, y retírela de la sartén.

≈ Fría la carne de cerdo en la sartén, removiendo hasta que se dore por todos los lados.

≈ Mezcle la ralladura y el zumo de naranja, el caldo, la guindilla, el ajo y el cilantro o el perejil, y vierta la mezcla sobre la carne.

≈ Llévelo a ebullición y agregue las rodajas de cebolla. Déjelo cocer 10 minutos.

≈ Pase la carne a un cuenco caliente.

≈ Mezcle la fécula de maíz con el agua y añádalo a la salsa para espesarla. Remueva, salpiméntela y viértala sobre la carne.

CALDO GALLEGO

Excelente sopa para el invierno.

INGREDIENTES

50 g de mantequilla
1 cebolla, picada
¹/₂ kg de bacon, jamón o jarrete de cerdo
¹/₂ cucharadita de ajo, majado
1 repollo, firme y más bien pequeño, en tiras finas
³/₄ kg de patatas, peladas y troceadas
2 l de agua
pimienta negra recién molida

PREPARACIÓN

NOTA: Si utiliza jarrete de cerdo, cuézalo primero durante 1¹/₂ horas.

≈ Derrita la mantequilla en una cacerola grande.
≈ Añada la cebolla y rehóguela suavemente hasta que esté tierna. Agregue el bacon y el ajo.
≈ Añada el repollo y las patatas y déjelo cocer, tapado, 5 minutos.
≈ Vierta el agua por encima y, a continuación, añada el jarrete de cerdo o el jamón.
≈ Destápelo y añada abundante pimienta negra.
≈ Déjelo cocer durante 1 hora. El caldo debe quedar espeso. Si necesita espesarlo, retire la mitad de repollo y patatas y hágalo puré antes de incorporarlo de nuevo a la cacerola.
≈ Salpiméntelo y sírvalo en cuencos, acompañado con tostadas.

CHORIZO A LA PARRILLA

Esta receta, sencilla y deliciosa, resulta imprescindible en cualquier aperitivo o comida a base de tapas.

PREPARACIÓN

≈ Corte el chorizo en rodajas, colóquelas en un horno precalentado a 250°C y hornéelas hasta que los bordes empiecen a estar crujientes. Sírvalo con abundante pan.

ÍNDICE